Rolf Scheffbuch

Grafen und Fürsten im Dienst des höchsten Königs

SCM Hänssler

SCM

Stiftung Christliche Medien

Bestell-Nr. 394.931
ISBN 978-3-7751-4931-0

Hänssler Verlag im SCM-Verlag GmbH & Co. KG · 71088 Holzgerlingen
Internet: www.haenssler-verlag.de
E-Mail: info@haenssler.de
Umschlaggestaltung: krausswerbeagentur.de, Herrenberg
Titelbild: shutterstock.de
Satz: typoscript GmbH, Kirchentellinsfurt
Druck und Bindung: CPI – Ebner & Spiegel, Ulm
Printed in Germany

Inhalt

Anstelle eines Vorworts

»Rang und Titel und alles, was die Menschen untereinander ungleich macht, ist eitel Ehre. Dagegen müssen die Christen sich an eine andere Ehre halten, an den Ruhm, Christus angehören zu können und in seinem Dienst gebraucht zu werden. Daran will Christus seine Leute erkannt wissen.«
Nikolaus Ludwig, Reichsgraf von Zinzendorf und Pottendorf (1700–1760)

»Adel bedeutet: Verantwortung übernehmen.«
Carl Herzog von Württemberg

»Vieles in meinem Leben war interessant. Vieles tue ich bis heute liebend gerne. Aber der Adel meines Lebens ist es, dass Jesus mich noch einmal brauchen wollte – trotz all des Vielen, was falsch gelaufen war.«
William Downey (1956)

»Es kann sich doch jeder schwache Mensch ›von‹ schreiben, der von Jesus gewürdigt wird, an seiner Sache mitzuarbeiten.«
Rolf Scheffbuch

Nikolaus Ludwig Graf von Zinzendorf und Pottendorf (1700–1760)

Der Reichsgraf, der ein Arbeiter für Jesus war

Schon als junger Kavalier ein ganzer Christ

Von früher Jugend an war er etwas ganz Besonderes, der Reichsgraf Nikolaus Ludwig von Zinzendorf und Pottendorf, Herr von Thürnstein, von Freydeck und von der Wachau – er, der Erfinder der »Herrnhuter Losungen«, der Dichter von »Jesu, geh voran« und vieler anderer geistlicher Lieder, der Pionier der evangelischen Weltmission und der Impulsgeber für das Zusammenrücken der weltweiten Christenheit. Im Jahr 1700 war er in Dresden zur Welt gekommen.

Schon als junger Kavalier war er vom Scheitel bis zur Sohle ein nobler, geistreicher, weltgewandter Edelmann. Dabei war und blieb er ungekünstelt. Alles war natürlich: sein aufrechter Gang, sein erhobenes Haupt mit der hohen Stirn, die wohlgeformte schmale Nase, der durchdringende klare Blick. Seine ganze Persönlichkeit war wie von einem Zauber durchdrungen.

19-jährig machte er eine Bildungsreise quer durch Europa. In Paris meisterte er das feurigste Pferd, das ihm vorgeführt wurde. Aber er führte auch tiefe theologische Gespräche mit dem Kardinal von Paris. In Amsterdam gingen die vornehmen Bürger vom schmalen Gehsteig, um ehrerbietig dem jungen Grafen Platz zu machen. Die ganze Haltung des Grafen strahlte Würde aus. Im Umgang mit Menschen hatte er etwas ungemein Gewinnendes.

Allerdings konnte Zinzendorf auch aufbrausen. Wenn er etwa unangenehme Nachrichten empfing, dann konnte er völlig außer sich geraten. Oft ließ er dann einfach alles stehen und liegen. Auf einsamen Wegen suchte er dann wieder ins seelische Gleichgewicht zu kommen. Allerdings brach manchmal auch eine Kanonade von Schimpfworten aus ihm heraus. Auch wegen Kleinigkeiten konnte er heftig werden. So geriet er später in Herrnhut außer sich, wenn bei einer von ihm geleiteten Versammlung eine Sitzbank nicht so aufgestellt war, wie es seinem Sinn für Formen entsprach. Streng konnte er dazwischenfahren, wenn in Versammlungen zu viel gehustet wurde oder wenn die Versammelten sich zu laut räusperten. Aber gleich danach war es ihm möglich, als wenn nichts geschehen wäre, ins Zwanglose und Freundliche überzuwechseln.

Im Blick auf die Ecken und Kanten seines eigenen Wesens hat Graf Zinzendorf bekannt: »Christen bringen es in der Moral oft nicht so weit wie die Weltleute. Denn sie haben kein heroisches Tugendstreben. Sondern bei ihnen zeigt sich ehrlich, was im Herzen ist. Sie wollen nicht mehr scheinen, als sie sind. Und sie sind nichts anderes als begnadigte Sünder.«

Ein »Christ« zu sein, das war schon seit früher Jugend sein Anliegen. Geprägt hatte ihn die fromme Großmutter, die Landvögtin von Gersdorf. Danach waren auch die Schuljahre im Pädagogium in Halle prägend. August Hermann Francke machte ihm Eindruck: »Er ist wie ein Knecht, der sich darauf verlässt, dass sein Herr grenzenlosen Kredit hat.« Als ein von Christus Begeisterter begann Nikolaus Ludwig 1716 ein Studium an der Universität Wittenberg. Voll missionarischen Eifers wollte er auch andere Mitstudenten für Jesus gewinnen. Gerade auch seine Fähigkeit zum Reimen benutzte er zum Werben für Jesus. Denn immer wieder baten ihn Mitstudenten um Gedichte für festliche Anlässe. Aber selbst in Geburtstags- und Hochzeitsoden flocht Nikolaus Ludwig Erinnerungen an ewige Dinge ein. Jeden Morgen stimmte er die Saiten seines Herzens auf geistliche Dichtung ein, indem er von sechs bis sieben Uhr so viele Choräle hintereinander sang, dass ihm davon die Lippen trocken wurden. Eigene Gedichte fielen ihm dann so rasch zu, dass er sie so schnell gar nicht aufschreiben konnte. Er wollte feinster Kavalier und zugleich missionarischer Christ sein.

»Denn durch Trübsal hier geht der Weg zu dir.«

Auf seiner Bildungs- und »Kavaliers«-Reise besuchte der 19-jährige Reichsgraf in Düsseldorf auch die Gemäldegalerie des Kurfürsten. Dort kam es indessen nicht zu seiner »Bekehrung«, was leider oft behauptet und noch öfter nachgeplappert wird. Zinzendorf hat auch nicht bekannt, als er vor der Darstellung des gekreuzigten Jesus stand: »Das tat ich für dich, was tust du für mich?« Das stand vielmehr als Unterschrift unter jener Darstellung des Golgatha-Geschehens. Was Zinzendorf dort vor diesem Gemälde beeindruckte, das vertraute er seinem Tagebuch an. Da heißt es: »Ich bat den Heiland, mich mit Gewalt in die Gemeinschaft seiner Leiden zu reißen, auch wenn mein Sinn nicht hineinwollte!« Später konnte der aus höchsten Adelskreisen stammende Graf bekennen: »In heiliger Rigorosität habe ich mich dazu entschlossen, alles im Licht des Mannes am Kreuz zu sehen!« So war es sein Gebet:

Erschüttre doch den trägen Sinn,
der nichts von Arbeit weiß,
und reiß ihn aus der Faulheit hin
zu deinem Kampf und Schweiß!
War zu der Herrlichkeit die Schmach
dein ordentlicher Weg,
so geht dir deine Herde nach
auch über diesen Steg!
Drum leit auf deiner Leidensbahn
mich selber bei der Hand!

Das war es, was Zinzendorf erlebt, durchlitten, durchkämpft hat. Besonders in jenen Jahren, als er schmählich aus seinem sächsischen Heimatland vertrieben worden war. Leicht fiel es dem Grandseigneur Zinzendorf nie, ja zu sagen zu der christlichen Gesetzmäßigkeit: »Denn durch Trübsal hiergeht der Weg zu dir!« Aber Jesus hat ihn nicht nur hineingerissen in die »Gemeinschaft mit seinen Leiden«, sondern er hat ihn auch darin festgehalten. Er hat es selbst erlebt, was er in die Zeile gefasst hat: »Führst du uns durch raue Wege, gib uns auch die nöt'ge Pflege!«

Zerschlagen fühlte sich der Graf immer, wenn er von seinen Fußreisen quer durch Europa übermüdet und krank zurückkehrte. Mit der Postkutsche oder auf Pferderücken konnte er nicht unterwegs sein, »denn wir hatten kein Geld, und des Heilands

Sache musste ausgerichtet werden«. Zinzendorf war jedoch kein geübter Fußgänger. Er trug sein Haupt hoch, er war immer voller Gedanken und achtete nicht auf Weg und Steg. Er ging sehr schnell, schützte sich auch nicht wirklich vor Kälte und Regen. »Er trat nicht nur auf Stock und Stein, sondern stieß überall an, so dass er bald Blasen an den Füßen bekam, die er manchmal so zurichtete, dass man sie aufschneiden musste.«

Jedoch ganz am Boden, wie nie zuvor, fühlte sich Zinzendorf in der großen Krisenzeit seines Wirkens, also in der so genannten »Sichtungszeit« zwischen 1743 und 1750. Die Gottesdienste der von Zinzendorf gegründeten Brüdergemeinen waren als Freudenfeste gestaltet worden – mit Musik, Kerzen, Fahnen, Aufführungen. Alles, was das Gemüt ansprechen konnte, war aufgeboten worden. Der von allen angehimmelte, später jung verstorbene Zinzendorf- Sohn Christian Renatus (1727–1752) betrat mit dreißig Gefährten den Saal, alle in weißen Gewändern. Viele Teilnehmer gerieten in Ekstase. Während des Gebets und vor allem danach waren alle wie außer sich. Verzückungszustände rauschhafter Art brachen auf. Man war der Überzeugung, mit Christian Renatus sei Christus selbst gekommen. Gefährlich durchpulste das fürstliche Blut der Zinzendorfs das Verlangen, wirkliche »Siege« des Christus Jesus erleben zu können. Plötzlich jedoch wurden dem Grafen die Augen geöffnet. Harsch beendete er die Auftritte. »Das ist ja Nonsens!«, so kanzelte er »Christel«, seinen geliebten Sohn ab. Stellvertretend für die ganze Gemeine bekannte der Graf:

Wir haben den verlassen,
das wiederhole ich,
der eigen Blut gelassen,
für mich, ach ja, für mich. . . .
Ich kann vor Weh nicht reden,
mir geh'n die Sinne zu.
Deck du den großen Schaden
mit deinem Blute zu!

Damals rang sich Zinzendorf durch, den Gliedern der Herrnhuter Gemeinen zu raten: »Redet nicht zu viel und zu oft von eurem neuen Leben! Redet überhaupt nicht so viel von euch selbst!« »Es ist das einzige und selige Gesetz der Christen: Tauge nichts, wolle nichts, könne nichts. Zapple nur, bitte nur, glaube nur! In der Stunde, da einer glaubt, kriegt er auch die Gnade, willig zu werden zum Bekennen, zum Nachfolgen und zum Leiden!«

Der Reichsgraf ließ auf den Grabstein seiner Frau Erdmuthe Dorothea, geb. Gräfin Reuß (1700–1756), die Worte setzen: »Auch das Leben war tot«. Damit war Jesus gemeint, der sich selbst als »das Leben« bezeichnet hatte. So wollte Zinzendorf die Realität von Leiden, Sterben und Trauer nicht durch eine Siegesstimmung überspielen, sondern er war bereit geworden, den Leidens- und Todesweg von Jesus mitzugehen.

Der Graf und die mährischen Geschwister

Nikolaus Ludwig von Zinzendorf hatte als junger Graf das verwahrloste Gut Berthelsdorf in der Oberlausitz gekauft. Eigentlich wollte er dort und auf den umliegenden Gütern nach dem Vorbild Franckes so etwas wie ein zweites »Halle« mit vielen Bildungseinrichtungen aufbauen. Es sollte ein Schulungszentrum werden, eine Kommandozentrale, von der Impulse in die schlafende Christenheit hineingehen sollten. Aber dann kam alles ganz anders. In Berthelsdorf waren, als der Graf noch als sächsischer Justizrat in Dresden weilte, versprengte Gruppen von Flüchtlingen aufgetaucht. Es waren Reste der mährischen Brüderkirche, die in ihrer böhmischen Heimat bis aufs Blut verfolgt wurde. Es waren kleine Handwerker wie Schneider, Zimmerleute, Messerschmiede. Sie kamen arm, abgerissen, von schweren Erlebnissen gezeichnet. Zum Bau von primitiven Flüchtlingshütten wies ihnen Zinzendorfs Verwalter einen Platz unterhalb des sanften Hügels an, der den Namen »Hutberg« trug. Der Zimmermann Christian David, der Anführer des Flüchtlingstrecks, schlug seine Axt in den Stamm eines Baumes und stellte fest: »Hier haben wir Heimat gefunden!«, nicht im Windschatten des Hutberges, sondern »in des Herrn Hut«. So kam es zu dem Namen »Herrnhut«.

Diese »kleinen Leute« hatten alles andere als einen engen Kirchturm-Horizont. Ihnen ging es nicht darum, in einer geschützten Nische ihres evangelischen Glaubens leben zu können, sondern sie behielten – wie einst in ihrer böhmischen Heimat – den nicht zu dämpfenden Drang, eine schlafende Christenheit »aus dem Schlaf der Sicherheit« zu wecken und allen Menschen »überall im ganzen Land« den Ruhm des Christus Jesus bekannt zu machen. So hat Christian David gedichtet, der in jeder Beziehung der »Anführer« der Flüchtlingsgruppe war. Nichts konnte ihn in Herrnhut halten. Vielmehr durchzog er von dort aus das katholische Schlesien, bis er auch von dort vertrieben wurde. Er missionierte unter Studenten in Jena. Dann zog es ihn nach Livland, nach Holland, ja nach Grönland und nach Nordamerika. In herrnhutischem Stil dichtete er die Strophe:

»Muss ich die Welt durchgehen,
wenn du mit deinen Nähen
mir nur stets tröstlich bist!
So will ich dich bekennen
und stets den Namen nennen,
der mir der liebste Name ist.«

Staunend gewann Zinzendorf die Überzeugung: Ich muss ja gar nichts dazu beitragen, um meine Güter zu einem Mittelpunkt neuen religiösen Erwachens zu machen. Vielmehr hat Jesus mir Leute zugeführt, mit denen er in die Welt hineinwirken will! Darum verstand sich der Graf demütig nur als Türöffner, der missionarisch gesinnten Heimatlosen eine neue Existenz ermöglicht hatte.

Unter ihnen waren fünf junge Männer, die 1724 in Herrnhut angekommen waren: Der damals 27-jährige David Nitschmann sollte später in England und in Skandinavien wirken, bevor er nach Westindien und dann zur Indianermission nach Pennsylvania ausgesandt wurde. Etwas jünger war Melchior Zeisberger, der spätere Indianer-Missionar in Nordamerika, noch jünger ein mutiger Böhme, der 1729 als Glaubenszeuge in einem mährischen Gefängnis starb.

Der damals 21-jährige Johann Töltschig ließ sich nach Georgia aussenden, und der Jüngste aus dem Fünferkreis erkundete später in St. Petersburg, wie man quer durch Russland eine Missionsstationen-Kette aufbauen könnte, die bis nach Ceylon (heute Sri Lanka) reichen sollte. Aus solchem »Holz« waren die kleinen Leute geschnitzt, die in Herrnhut eine Anlaufstation gefunden hatten. Zinzendorf musste nichts tun, um diese Christen »anzufeuern«. Das Feuer der Weltverantwortung hatte Jesus selbst in ihnen entzündet. Zinzendorf musste nur seine Beziehungen spielen lassen, so etwa die verwandtschaftliche Beziehung zum dänischen Herrscherhaus, um Ausreisen zu ermöglichen. 1727 schrieb der damals 27-jährige Graf in sein Tagebuch: »Die Mähren stehen jeden Augenblick bereit, diesen angenehmen Ort Herrnhut wiederum zu verlassen, um den Namen ihres Herrn herzlich und munter zu bekennen, ja, wenn es erforderlich sein sollte, ihrem Herrn auch in Banden, ja bis zum Tode zu dienen.«

Die zur Mission Bereiten sollten jedoch nicht planlos in alle Welt hinausstürmen. 1728 wurde eine wichtige Gemeine-Versammlung einberufen. »Man unterrichtete sich von entfernten Ländern, also Türkei, Mohrenland, Grönland, Lappland und so weiter. Man sprach darüber, wie es unmöglich erscheine, dorthin zu kommen. Der Vorsteher aber« – also Zinzendorf – »sagte: Ich glaube, dass der Herr Jesus Gnade und Kraft geben kann, diese Länder zu besuchen.« Der Bericht verschweigt, was der Weltbürger Zinzendorf damals auch noch beizutragen hatte. Im Pädagogium von Halle hatte er einen weiten Horizont bekommen. Aber er konzentrierte sein Interesse speziell auf solche Gebiete der Erde, wo die Ärmsten unter allen Menschen lebten. Zinzendorf wollte die Nachricht vom guten Heiland Jesus in erster Linie zu den Verachteten, Armen und Gedemütigten tragen lassen – also zu den versklavten Schwarzen in der Fieberhölle westindischer

Plantagen. Oder zu den irgendwo im fernen russischen Norden dahinvegetierenden Samojeden. Oder zu den Inuit auf Grönland und Labrador, damals von den Seefahrern wie Robben gejagt und totgeschlagen. Dabei war er nicht dem damals – im Anschluss etwa an Jean-Jacques Rousseau – üblichen verbreiteten Wahn verfallen, die unverbildeten »Wilden« seien die eigentlich edlen Menschen. Zinzendorf urteilte nüchtern: »Die Grönländer stehlen wie die Raben, die Indianer saufen wie die Bestien. Sie sind Sünder wie wir alle auch!« Allerdings sei es nicht nötig, ihnen zuerst von Gott, von der Schöpfung und vom Sündenfall zu erzählen. Dass es ein höheres Wesen gebe, das wüssten alle Menschen. Aber dass es einen Erlöser von Schuld und Sünde gibt, das sollten die Evangeliumsboten bekannt machen.

Zinzendorf blieb gerade in Missionsangelegenheiten ungewöhnlich nüchtern. Er wurde davor bewahrt, in Kategorien christlicher Welteroberung zu denken. Er dachte auch zu keinem Zeitpunkt daran, das »christliche Abendland« habe den Menschen in anderen Teilen der Welt das Christentum einzuimpfen. Im Gegenteil! Zinzendorf konnte geradezu prophetisch damit rechnen: »Vielleicht kommt die Stunde, da alle Lande, darinnen jetzt Christen wohnen, wieder ganz zu Heidentum geworden sind. Alsdann wird die Stunde von Afrika, Asien und Amerika kommen, da sie in die unzähligen Nationen hineinwirken werden. Man erschrickt davor, wenn man daran denkt. Kein Mensch kann sich davon eine Vorstellung machen!«

Was der Reichsgraf und Weltbürger Zinzendorf zu den Anfängen der evangelischen Weltmission beizutragen hatte, das waren seine Gaben, seine Verbindungen, seine Einsichten – und seine Hochachtung vor jedem Geschöpf Gottes.

Als auf der fieberverseuchten westindischen Insel Saint Thomas Plantagenbesitzer eine Mulattin, die von einem Herrnhuter Missionar geehelicht worden war, in ein Verlies geworfen hatten, suchte Zinzendorf gezielt diese Gefangene auf. Er ließ sie aus dem Kerker hervorholen. Dann grüßte der Repräsentant alteuropäischen Adels die mit Kot beschmierte Frau mit einem Handkuss, so wie es an Fürstenhöfen üblich war, edle Damen zu grüßen. Die Entehrte hatte vor den Augen ihrer Peiniger ihre Ehre wiedergewonnen und die Freiheit dazu.

Den eigentlichen Aufbruch evangelischer Weltmission – nach den ersten, von Halle ausgegangenen Impulsen – hatte Jesus als Herr der Welt selbst gewirkt. Dazu hatte er die »kleinen Leute« der böhmisch-mährischen Flüchtlingsgruppen benutzt – und ein klein wenig auch den Reichsgrafen.

Der Untertan des größten Königs

»Als dein Untertan melde ich mich an!« So dichtete Graf von Zinzendorf in einem seiner vielen Lieder. In ihm heißt es auch:

Gib mir deinen Geist,
der so köstlich heißt,
dass ich ohne Worte spreche,
dass im Sturm ich nicht zerbreche,
dass ich sorgenfrei
und doch sorgsam sei!

Sogar in Stürmen nicht ohnmächtig zerbrechen zu müssen, das erbat Zinzendorf von seinem Herrn Jesus. Besonders war das seine Bitte, als am 21. August 1732 Leonhard Dober und David Nitschmann in die Karibik entsandt worden waren. (Daran wird Jahr um Jahr in den »Herrnhuter Täglichen Losungen« erinnert.) Ihnen folgten ein Jahr später die Brüder Stach mit Christian David in Richtung Grönland.

Vor sich hatten die ersten Missionare die Sumpfgebiete von Saint Thomas mit den Sklavenlagern. *Vor sich* hatten sie auch die Gegnerschaft der Sklavenhalter und unbekannte Gefährdungen in den Tropen. In Grönland hatten die Ausgesandten Herrnhuts *vor sich*: die langen nordischen Winter, die Brutalitäten der dort überwinternden Schiffsbesatzungen, die Eiseskälte Grönlands.

Um den Missionaren ständig bewusst zu machen, dass »*vor* ihnen« auch noch Jesus war, dichtete Zinzendorf das Lied: »Jesu, geh voran!«, in dem es heißt: »Sollt's uns hart ergeh'n, lass uns feste steh'n.«

Hinter sich hatten die Missionare den Spott des sich so gelehrt gebenden Europa. Es war versucht worden, geradezu wissenschaftlich zu belegen: Es ist weder notwendig noch schicklich, solchen Wesen das Christentum zu bringen, welche den Tieren näherstehen als den Menschen! Jedoch sollten die Missionare nicht nur diesen Spott hinter sich haben. Sondern der Graf richtete in Herrnhut das 24-Stunden-Gebet als Fürbitte für die Missionare ein. So stand ganz Herrnhut auch im Gebet hinter den Missionaren.

Als das Königlich-Dänische Missionskollegium in Kopenhagen in einer äußerst hämisch abgefassten Stellungnahme die Frage aufgeworfen hatte, ob denn »Neger«-Sklaven überhaupt eine Seele hätten, war Zinzendorf in einem ersten Erschrecken wie gelähmt. Aber dann – so erzählte er selbst – habe er sich besonnen: er habe sich mit all seinem Erschrecken und in seiner großen Ohnmacht an seinen großen Herrn gewandt: »Den Brief habe ich genommen. Ich habe ihn vor dem Heiland ausgebreitet. Ich habe gebetet: Heiland, nun antworte du selbst darauf! Zu Herbst war die Antwort da, die Nachricht von der Bekehrung der ersten Sklaven.«

In Grönland dauerte die Antwort etwas länger. Jahrelang mussten die Missionare anscheinend erfolglos unter den Inuit leben und wirken. Kajarnak, ein grönländischer Häuptling, gehörte dann zu den Ersten, welche die Taufe begehrten. Theodor Fontane hat die eindrückliche Geschichte von der unerwarteten Bekehrung des Kajarnak in seinem großen Roman »Vor dem Sturm« fast wortwörtlich übernommen, so sehr hat diese Erfahrung das »Bildungspublikum« Deutschlands bewegt. Die Missionare jedoch dichteten im typisch Herrnhutischen Versmaß:

Die Welt mag immer lachen
bei unsern Sachen
und fragen, was wir Schwachen
hier draußen tun.
Wir wollen unsern Nachen
nicht lassen ruh'n
und vor der List des Drachen
das Haus bewachen
und Heiden selig machen.
Sie wollen nun!

Unerwartet große Dinge können dort geschehen, sogar schwache Menschen fürstlichen Geblütes können zu Segensträgern Gottes werden, wo sie als Untertanen des größten Königs von ihrem Herrn Großes erwarten und auch Großes für ihn wagen.

Den Pfarrern nicht die Leute wegnehmen

Schon bald nach der Gründung der Flüchtlingssiedlung Herrnhut war es zu Spannungen zwischen den Herrnhutern und dem frommen Berthelsdorfer Ortspfarrer Rothe gekommen. Die Herrnhuter werteten den lutherischen Sonntagsgottesdienst als »viel zu spröde, ja als tot« ab. Die Gemeinde Berthelsdorf stand vor der Spaltung. Da fügte es Gott, dass am 13. August 1727 ein neuer Aufbruch zur Gemeinsamkeit geschah. Auf dem Weg zur Abendmahlsfeier in der Berthelsdorfer Kirche wurde es geschenkt, dass alle erkannten: Wir brauchen einander! Es kann kein Segen Gottes auf uns ruhen, wenn wir einander ohne eigentlichen Grund loslassen! Zwar wurden in der Folge nach wie vor eigene Singfeiern und Andachten in Herrnhut abgehalten. Aber der gemeinsame Gottesdienst und die gemeinsamen Abendmahlsfeiern fanden in Berthelsdorf statt.

Zinzendorf lag viel daran, dass Christen Gemeinschaft suchen und nicht eigene Wege gehen. Bekannt sind seine Worte: »Ich statuiere kein Christentum ohne Gemeinschaft!« und: »Der Christ geht immer in Kompanie!«

Voll Hochachtung konnte Zinzendorf von der segensreichen Arbeit der großen Volkskirchen reden. Denn was würde aus einem Volk ohne den moralisch erziehenden Einfluss werden, ohne den »Respekt vor den göttlichen Dingen, der von diesem Dienst der Kirchen ausgehet!« »Man soll die Kirchenleute nicht hindern und ihnen die Seelen wegnehmen. Sie werden sonst langsam lahm und lassen ihre Arbeit liegen, wenn man ihnen die Seelen abzieht. Auch wir Herrnhuter haben uns vor der Gefahr zu hüten, dass es heißen wird: Das ist die einzig wahre Lehre und Gemeine!«

Als im März 1733 Zinzendorf in Tübingen – von Fieberanfällen geschüttelt – nicht den Sonntagsgottesdienst besuchen konnte, wollte ihn eine Gruppe von bäuerlichen Freunden aus der Umgebung Tübingens zur Gottesdienstzeit besuchen. Doch der Graf ließ sie wissen, sie mögen doch bitte erst nach dem Gottesdienst kommen; ein Besuch bei ihm könne den Gottesdienst der Gemeinde nicht ersetzen. So hoch schätzte er sogar die Gottesdienste einer in Orthodoxie erstarrten Kirche ein.

Vor allem aber drang Zinzendorf immer wieder darauf, dass nicht Sonderlehren »traktiert« würden. Zu solchen Sonderlehren zählte er Aussagen über die Art und Weise des Tausendjährigen Reiches, der Entrückung oder der Allversöhnung (Wiederbringung aller Dinge). Von alldem stehe nichts so genau und ausführlich in der Bibel, dass man sich in der Christenheit darüber zerstreiten könne.

Bei diesem allem war das Anliegen des Grafen von Zinzendorf, es möge doch zu einer christusgläubigen Verbundenheit über die Grenzen der Kirchentümer und Bekenntnisse hinweg kommen.

Besonders deutlich wurde dies in Pennsylvania, wo 1741 der Graf eintraf und über das Neben- und Gegeneinander der verschiedenen Christengruppen entsetzt war. Neben den Lutheranern und Reformierten gab es, je noch einmal nach Sprachgruppen getrennt, Quäker, Mennoniten, Täufer, Siebentäger, Schwenckfelder, inspirierte Separatisten, »Wiedergeborene« und noch manche andere. Die Führernatur des Reichsgrafen sann auf Abhilfe. So lud er in eigenem Namen zu einigen »Synoden« nach Germantown ein. Über dunkle Schriftstellen sollte kein Streit zugelassen sein. Auf die Frage, was denn der eigentliche Zweck dieser Zusammenkünfte sein sollte, gab Zinzendorf zur Antwort: »Der eigentliche Zweck der Versammlung aller evangelischen Kirchen ist, dass eine arme Seele, die gerne wissen wollte, wo der Weg hinginge, nicht mehr auf zwölferlei Wege gewiesen wird, sondern nur auf einen, sie frage von uns, wen sie wolle; denn es ist nur ein Weg, darüber sind wir uns eins. Aber es sind vielerlei Methoden, Arten und Weisen.« Als dann weiter gefragt wurde, ob es denn keine Grenze dieser Einheit gebe, ließ Zinzendorf wissen: »Nur der ist ein Christusgläubiger, der bekennt, dass ihn niemand anderes als Jesus Christus mit seinem Blut erlösen kann.«

Die ersehnte große Erweckung im neu besiedelten Nordamerika blieb jedoch aus. Zinzendorf konnte den Schulterschluss zwischen Christen unterschiedlicher Traditionen nicht bewirken. Vielleicht war daran auch das ungestüme, manchmal geradezu herrisch wirkende Drauflospreschen des Grafen schuld. Es wurde befürchtet, der deutsche Edelmann wolle wieder nach deutschem Muster so etwas wie eine »Über-Kirche« schaffen. Jedoch wurde auch der geistliche »Ruf zur Sache« weit über die Herrnhuter Gemeinen (in Amerika »Moravians«, also »Mähren« oder »Mährische« genannt) hinaus gehört: »Christen sind Menschen, die sich zum Erlöser Jesus Christus bekennen!«

Der Seelsorger des Königs

Unerschrocken bewies Zinzendorf seine Gabe zu persönlicher Seelsorge bei Geringen wie auch bei Vornehmen, sogar beim »Soldatenkönig« Friedrich Wilhelm I. Der König und der Graf wechselten Briefe bis kurz vor dem Tod des Preußenkönigs. Zinzendorf konnte sich des Eindrucks nicht erwehren: Der König kann nicht viel mit dem gekreuzigten Heiland anfangen!

So schrieb er dem König: »Weil aber Euer Königliche Majestät meinem teuren Erlöser ebenso teuer zu stehen gekommen sind als auch ich, so denke ich: Hat er mich armen Sünder angenommen, so nimmt er auch Sie gerne an, wenn Ihnen alles daran gelegen ist.« Der König erwiderte: »Meine Sünden bereue ich herzlich, und ich werde mich durch Gottes Gnade bearbeiten, solche noch mehr als bisher und soviel schwachen Menschen nur möglich ist, abzulegen, und suchen, Gott dankbar zu werden. Ein Kopfhänger bin ich dabei nicht und werde es auch nicht werden. Denn ich glaube, dass ein tätiges Christentum nicht darinnen besteht.«

Diesen »Schuh«, ein »Kopfhänger« zu sein, zog sich Zinzendorf nicht an. Respektvoll antwortete er dem Herrscher: »Übrigens haben Eure Königliche Majestät ganz recht, dass Sie es nicht lieben, den Kopf zu hängen. Auch ich gehe so gerade, als ich nur kann. Aber es können Zeiten kommen, da auch Könige krumm und sehr gebückt und den ganzen Tag traurig gehen müssen, nämlich wenn die Sünden über ihr Haupt gehen und wie eine schwere Last zu schwer werden. In solchem Fall wäre es nicht gut, wenn man den Kopf nicht hängen lassen wollte. Wie es sein kann und wie es aufhört, steht schon im 116. Psalm.« In diesem Psalm heißt es: »Stricke des Todes hatten mich umfangen, ... ich kam in Jammer und Not ... Wenn ich schwach bin, so hilft mir der Herr ... Wie soll ich dem Herrn vergelten alle Wohltat, die er an mir tut ...? Der Tod seiner Heiligen wiegt schwer vor dem Herrn.« Gerade zu diesem letzten Psalmwort dichtete Zinzendorf dann das Lied »Die Christen gehen von Ort zu Ort durch mannigfachen Jammer«, das er seinem königlichen Seelsorge-»Kind« widmete.

Das ist Zinzendorf im Originalton. Der Hoch-Adlige hatte im Dienst des größten Königs Zweifaches gelernt: Wenn Jesus seine Leute »Jammer und Not« treffen lässt, weil ihre »Sünden über ihr Haupt gehen«, dann hat das Kopfhängen seinen berechtigten Platz. Wenn jedoch Jesus vorangeht und wenn es seiner Herrlichkeit entgegengeht, dann sollen seine Untertanen so »gerade, als man nur kann«, gehen.

Er hat neue Möglichkeiten eröffnet

Nach langen Monaten nachlassender Arbeitskraft, zunehmender Reizbarkeit und gesundheitlicher Hemmnisse starb am 9. Mai 1760 »der Restaurator der Brüderkirche, der Apostel so mancher Nation der Erde, der Stifter der Dörflein des Herrn, der Diener der ganzen Christenheit, der Menschenfreund, dem es eine Fürstenlust war, Gutes zu tun« (so Johannes von Wattewille in der Todesanzeige).

Zwölf Tage später verstarb auch Anna Nitschmann, die langjährige Mitarbeiterin des Grafen, mit der er sich drei Jahre zuvor in aller Heimlichkeit verheiratet hatte.

Erich Beyreuther beendet seine dreibändige Biographie Zinzendorfs mit den Sätzen: »Vielleicht ist dem Protestantismus nicht am schlechtesten gedient, wenn je und dann Menschen großen Formats aus einer unbürgerlichen Welt ungerufen in ihr Kirchentum einbrechen ... und so neue Möglichkeiten eröffnen.«

Zarin Maria Feodorowna von Russland (1759–1828)

Gottes württembergisches Werkzeug in Russland

Vom württembergischen Mömpelgard in die russische Hauptstadt

»Ich bin leidenschaftlich für diese bezaubernde Prinzessin eingenommen, leidenschaftlich im wahrsten Sinn des Wortes! Sie ist gerade so, wie man sie sich wünscht! Sie ist schlank wie eine Nymphe, ihre Gesichtsfarbe ist weiß wie eine Lilie – mit dem Inkarnat einer Rose. Sie ist von hohem Wuchs und hat doch eine erfreuliche Fülle, im Gang hat sie Leichtigkeit. Aus ihrem Gesicht sprechen Milde, Herzensgüte und Aufrichtigkeit. Alle sind von ihr entzückt. Wer sie nicht liebt, ist selbst im Unrecht. Man rühmt ihre Schönheit und ihre Manieren. Sie wird gewiss eine Macht über das Herz ihres Gemahls haben. Sie wird von dieser Macht unstreitig einen guten Gebrauch machen!« So lautete das Urteil von Zarin Katharina der Großen über die württembergische Prinzessin Sophie Dorothee (1759–1828). Die in Stettin geborene, jedoch in Mömpelgard (heute Montbéliard/Frankreich) aufgewachsene Herzogstochter sollte Gemahlin des russischen Thronfolgers Paul werden.

Dabei war das eigentliche Problem nicht die ins Auge gefasste 17-jährige Braut. Sie war sogar bereit, mindestens pro forma den »Eintrittspreis« für ihre kommende Rolle als Großfürstin und designierte Zarin zu entrichten und also den russisch-orthodoxen Glauben anzunehmen. Damit verbunden war die Bereitschaft, bei der orthodoxen Taufe einen neuen Namen anzunehmen, nämlich Maria Feodorowna (das heißt: »Maria, Tochter des Feodor« – Friedrich). Das eigentliche Problem war vielmehr der hochmütige, unberechenbare, oft jähzornig aufbrausende Ehemann Paul, der Sohn von Katharina der Großen.

Die Württembergerin hat diese Schwierigkeit im Glück der ersten Ehejahre nicht im ganzen Ausmaß erkannt. Ihr gegenüber zeigte Großfürst Paul auch liebenswerte Seiten, besonders, nachdem sie ihm kurz nacheinander zwei Söhne geboren hatte, den späteren Zaren Alexander I. und seinen Bruder Konstantin. Diese beiden Ältesten waren der Auftakt für eine große Kinderschar von insgesamt zehn Söhnen und Töchtern, unter ihnen auch die spätere württembergische Königin Katharina und der spätere Zar Nikolaus I. (Vater der späteren württembergischen Königin Olga).

Pawlowsk – ein »Hohenheim« vor den Toren von St. Petersburg

Eine Heimat für ihren Mann Paul und für die heranwachsende Kinderschar schuf Maria Feodorowna im neu erbauten Schloss Pawlowsk. Der weite Park und die sich daran anschließenden landwirtschaftlichen Modellgüter gehörten dazu. Pawlowsk war Zuflucht, zugleich aber auch so etwas wie ein Stückchen Erinnerung an die Heimat; besonders an das von ihr so geliebte Hohenheim bei Stuttgart mit seinem Schloss und dem Park. Die beiden ältesten Söhne der Großfürstin Maria Feodorowna waren der baltischen frommen Baronin Lieven zur Betreuung und Erziehung anvertraut. Im Schloss Pawlowsk fanden sonntags – wie zu Hause im »Württembergischen« – Andachten im Stil schwäbischer pietistischer »Stunden« statt. Noch heute stehen in den Bücherregalen von Pawlowsk die Andachts- und Erbauungsbücher von Johann Arndt und von Johann Caspar Lavater. Im Park des Schlosses von Zarskoje Selo hatte Maria Feodorowna eine Christus-Statue des schwäbischen Bildhauers Johann Heinrich Dannecker aufstellen lassen. Sie trug den Titel: »Durch mich« – durch Jesus – »zum Vater!«

Das alles war der kühl rechnenden Zarin Katharina viel zu »bigott«, viel zu kleinkariert, viel zu »mystisch«. Sie wollte den kleinen Alexander trimmen, wenn nicht gar dressieren. Sie wollte ihn in Reserve halten für den Fall, dass der eigene Sohn Paul sich als Versager auf dem Zarenthron erweisen sollte. Alexander und sein Bruder sollten zu sachlich denkenden Vernunftleuten erzogen werden, nicht zu »Frömmlingen«. Darum nahm Katharina die Große einfach die beiden ältesten Jungen der eigenen Mutter weg, um sie von einem geistreichen Schweizer Rousseau-Schüler unterweisen zu lassen, der nichts von Jesus und erst recht nichts von der Bibel hielt.

Alexander und sein Bruder waren also fast brutal aus dem Frieden von Pawlowsk herausgerissen worden, aus der fröhlichen Gemeinschaft mit den Geschwistern, auch aus all dem Fortschrittlichen, was Maria Feodorowna in und um Pawlowsk als aktive Christin ins Leben gerufen hatte. Denn da waren die Schulen für die Landkinder, die Landwirtschaftsschule, die Mädchen- und Kinderheime und die Hospitäler. Denn mehr noch als Literatur und Kunst, worin sie erstaunlich bewandert war, waren der Großfürstin Feodorowna alle auch für Russland übernehmenswerten Anstöße für Schulen, für Landwirtschaft, für Krankenhäuser, ja auch für Gefängnisse wichtig.

Maria Feodorowna konnte diesen harten Eingriff ihrer Schwiegermutter nur im starken Vertrauen auf Gott ertragen. Aus der Ferne sprach der frühere Seelsorger Pfarrer Lavater ihr Trost zu. So etwa mit dem Wort: »Summa summarum: Christus oder Verzweiflung!« Oder auch mit den Liedzeilen:

Ist alles dunkel um mich her,
die Seele müd' und freudenleer,
bist du doch meine Zuversicht,
bist in der Nacht, o Gott, mein Licht!
Wenn niemand dich erquicken kann,
so schaue deinen Heiland an.
Schütt aus dein Herz in seinen Schoß;
denn seine Huld und Macht ist groß!

Diese große Huld und Macht des Heilandes Jesus Christus wurde für die bedrängte Maria Feodorowna wichtiger als alles kaiserliche Geehrtwerden.

Unter Belastungen reifte der Glaube von Maria Feodorowna. Zu den Belastungen gehörte auch dies: Der immer verschrobener werdende Ehemann Paul spürte, dass die eigene Mutter Katharina ihn ins Abseits drängen wollte. Im geradezu hysterischen Hass auf die Mutter suchte er ein wenig Verständnis und Wärme bei einer pockennarbigen Geliebten. Maria Feodorowna erkannte: So – so unbeherrscht, so verliebt ins lächerliche Soldatenspielen und Sich-Verkleiden, so unverantwortlich – kann er unmöglich »Zar aller Reußen« werden! »Gott, führe du mich recht!«, das war ihr Stoßseufzer.

Maria als Zarin und als Zarenwitwe

1796 war es so weit. Katharina die Große war mit großem Pomp bestattet worden. Paul, ein eigentlich nicht recht Zurechnungsfähiger, übernahm die Zarenherrschaft. Das Schicksal Russlands war in den denkbar schlechtesten Händen. Zar Paul wurde der Schrecken des Hofes und des ganzen Reiches. Die Zarenfrau Maria Feodorowna setzte all ihre Kräfte ein, um den Aufgaben als Leiterin der weiblichen Erziehungsanstalten und des »Wohltätigkeitswesens« (einschließlich der Fürsorge für Hospitäler, Witwen-, Findel- und Waisenhäuser, Siechen- und Armenanstalten) gerecht zu werden und dabei die schlimmsten Missstände beheben zu lassen. Zar Paul hatte seiner Gemahlin jährlich eine Million Rubel als Einkommen zugewiesen. Den größten Teil davon gab sie für soziale Zwecke aus. Sie rief die erste Taubstummenanstalt Russlands ins Leben und führte – mindestens im Bereich von Pawlowsk – die Pockenimpfung ein. Das alles darf jedoch nicht vergessen lassen, dass der tatsächliche Einfluss von Zarin Maria letztlich beschränkt war. Der Zar selbst und vor allem eine ihn umgebende Schar von Günstlingen verhinderte wirklich entscheidende Reformen.

Schließlich wagte es eine kleine Offiziersgruppe, den Zaren Paul zur Abdankung zu zwingen. Wahrscheinlich waren die Gemahlin Maria Feodorowna und der Thronfolger Alexander in die Umsturzpläne eingeweiht. Niemand weiß, was sich genau in jener Nacht im Jahr 1801 ereignete – dort hinter den dicken Mauern des Michaels-Palastes. In seinen Gemäuern hatte sich der vom Verfolgungswahn gejagte Herrscher sicher geglaubt. Wir wissen nur, dass Maria Feodorowna und ihr Sohn Alexander samt dessen Geschwistern in den Nebenräumen Getümmel hörten, Schreie, Poltern, Schläge. Sie konnten nicht eingreifen, weil Zar Paul die Türen zu den Gemächern der Familie hatte zumauern lassen. Sie hörten den Zaren röcheln, um Gnade winseln. Aber sie konnten dem Zaren, der stranguliert wurde, nicht helfen. Zwar hatten sie um die Pläne, den Zaren zu beseitigen, gewusst. Aber sie hatten ihn nicht gewarnt. Denn sie hatten aus Verantwortung für das Volk ein Weiterregieren für das größere Übel angesehen. Politisch hatte Maria Feodorowna Verantwortung für das Russische Reich bewiesen. Blutige Hände im wörtlichen Sinn hatte sie nicht. Trotzdem kann man es kaum ermessen, was das alles für eine religiös tief geprägte Frau bedeutet haben muss. Wir verstehen, warum Maria Feodorowna sich dieses Bild einprägen wollte: Nur durch Jesus, den Heiland der Sünder, gibt es für schuldig Gewordene einen Weg zum Vater!

27 Jahre lebte Maria als Zarenwitwe. Sie hatte nicht viel Zeit, sich selbst zu bemitleiden. Sie blieb als geheime Mitte der Zarenfamilie der ruhende Pol inmitten aller Unruhen des Reiches, unermüdlich tätig für die Erniedrigten des Volkes. Die Impulse für die Armen und der Einsatz für die von ihr ins Leben gerufenen Schulanstalten füllten einen Großteil ihres Lebens aus.

Die Enkelin Olga Nikolajewna (1822–1898) erinnerte sich als Königin von Württemberg an die fürstliche Großmutter: »Die Größe ihres Herzens überragte die ihres Verstandes. Sie war tugendhaft an einem Hofe, der doch alles erlaubte. Sie blieb treu ihrem Gatten, der doch völlig unabhängig von ihr gelebt hatte. Als Mutter empfing sie Ehrfurcht und Gehorsam. Auch als Herrscherin suchte sie ihr Bestes zu leisten. So etwa ordnete sie mit Scharfblick die Verwaltung des Finanzwesens. Sie war es gewesen, die in Russland die erste Darlehensbank gründete, die Garantien bot und bei der sie, um Vertrauen beim Publikum zu wecken, ihr eigenes und auch das Vermögen ihrer Kinder deponierte. Meine Mutter [Charlotte, die Ehefrau von Zar Nikolaus I.] sagte oft: ›Was machen wir nur ohne die Kaiserin-Mutter! Ach, helft doch!‹«

Geradezu überströmendes Lob findet sich in einem Nachruf auf die im November 1828 Verstorbene: »Die Kaiserin gab jeder Stunde des Tages ihre Bestimmung: Mit Morgengrauen sich von ihrem Lager erhebend, wirkte sie in ihrem Arbeitszimmer, von wo aus sie ihre zahlreichen Anstalten leitete, oder in den Anstalten selbst. Nie erschienen ihr Details als minderwertige Kleinigkeiten. Zugänglich für jedermann, leutselig, nachsichtig, wirkte sie ermutigend durch ihren Zuspruch, nie verletzend durch Tadel. Für jeden, der sie in der Nähe sehen durfte, war es ein Glück ...«

Maria Feodorowna selbst fasste ihr Leben und Wirken in die beiden Sätze: »Von mir selbst bleibt nur wenig zu sagen. Meine Erwartungen auf Glück ruhen fest oben im Schoße Gottes!«

Aufgegangene Samenkörner

Die von Maria Feodorowna ausgestreuten Samenkörner brachten Frucht. Zuerst einmal waren da die modellhaft aufgebauten sozialen und pädagogischen Einrichtungen. Sie wurden in Russland zu Vorboten von Reformimpulsen, die viele Kreise erfassten – bis hin zur Befreiung der Leibeigenen – und auch zu immer wieder kopierten Modellen von Armenkinder-Schulen, Einrichtungen für höhere Mädchenbildung, Gefängnisreformen und Landwirtschaftsförderungen.

All diese von Maria Feodorowna ausgehenden Impulse hatten vor allem zwei fürstliche Frauen angesteckt. Da war zuerst einmal ihre Tochter Katharina Pawlowna (1788–1819), die in ihren kurzen Jahren als Ehefrau von König Wilhelm I. von Württemberg (1781–1864) sowohl die höhere Mädchenschule »Katharinenstift« und das Krankenhaus »Katharinenhospital« als auch die spätere Landesgirokasse und das Hohenheimer Landwirtschaftliche Institut, die heutige Hochschule, ins Leben gerufen hatte.

Die andere Multiplikatorin im Geiste Maria Feodorownas war ihre mehr als 20 Jahre jüngere Schwägerin Henriette (1780–1857). Diese, aus nassauischem Fürstengeschlecht stammend, war die Ehefrau von Herzog Ludwig von Württemberg (1756–1817) geworden, eines schwäbischen »Tunichtguts«. Immerhin war er jedoch Bruder der Zarin. Sie hatte dafür gesorgt, dass er nach manchen Eskapaden seines Lebens im Jahr 1800 durch Zar Paul zum Gouverneur von Riga ernannt wurde. Ab 1802 holte Maria Feodorowna das Gouverneurspaar in »ihr« Pawlowsk. Denn sie hatte ihre ganze Zuneigung der doch sehr unglücklich verheirateten Schwägerin Henriette geschenkt. In jenen für beide Schwägerinnen so schwierigen Jahren um 1801/1802 wurde Herzogin Henriette Zeugin davon, wie Maria Feodorowna sich mit aller Kraft auf das »Tun des Guten« warf, und zwar gerade wegen all dessen, was sie so notvoll belastete. Das war es, was Herzogin Henriette ansteckte, die gute, gescheite, bescheidene, fromme, »geistvolle« (Napoleon) Herzogin. Vor allem nach dem Tod ihres Ehemannes wurde sie im Schloss des württembergischen Kirchheim/Teck zu einem »Muster an Menschenfreundlichkeit«. Von ihrem sozialen Pioniergeist zeugten damals ungewöhnliche soziale Innovationen wie Suppenanstalten, Darlehenskassen und Freiwillige Feuerwehren. Ihre wichtigsten Gründungen waren jedoch Kindergärten, Kinder- und Altenheime sowie das bis heute vorbildliche Krankenhaus in Kirchheim/Teck.

Auch diese Impulse wirkten weiter durch einen »herrschaftlichen Domino-Effekt«. Denn die vier Töchter der Herzogin, allesamt in regierende Häuser Europas vermählt, machten Herzogin Henriette nicht nur zur »Ahnherrin der europäischen Fürstenhäuser«, sondern auch zu einer »Multiplikatorin von ansteckender Gesundheit« mitten in der damaligen schweren Krisenzeit der Fürstenhäuser.

Vor allem erwiesen sich jene geistlichen Impulse als kraftvoll, die Maria Feodorowna einst in Pawlowsk an ihre eigenen Kinder weiterzugeben versucht hatte. In scheinbar auswegloser Zeit wurde dieses geistliche Erbe neu entdeckt, nämlich als Napoleon 1812 das darauf völlig unvorbereitete Russland überrannt und einen Sieg nach dem andern errungen hatte.

Damals betrat der junge Zar Alexander I., der Sohn von Maria Feodorowna, in verzweifelter Stimmung das Arbeitszimmer seines vertrauten Freundes und Mitarbeiters, des Fürsten Galitzin. Auf dem Nebentisch lag ein aufgeschlagenes Buch. Es war die Bibel. Der Zar hatte schon lange keine Bibel mehr in der Hand gehabt. Er blätterte in dem Buch, eigentlich wie geistesabwesend. Da fiel sein Blick – er war wie elektrisiert – auf das Psalmwort: »Wer unter dem Schirm des Höchsten sitzt und unter dem Schatten des Allmächtigen bleibt, der spricht zu dem Herrn: Meine Zuversicht und meine Burg, mein Gott, auf den ich hoffe!« (Psalm 91,1-2). Der Zar murmelte etwas wie: »Damit kann man leben und hoffen!« Dann ließ er sich nach Hause fahren. Dort lieh er von seiner deutschstämmigen Frau Elisabeth deren eigene Bibel aus und grub sich in den Trost des Wortes Gottes ein. Von diesem Zeitpunkt an hatte der Zar eine Bibel auf seinem Arbeitstisch liegen. Schon nach kurzer Zeit war sie zerlesen wie ein abgegriffenes Schulbuch.

Nur wenige Monate nach diesem Geschehen unterzeichnete der Zar ein Dekret. Dieser Erlass befahl die Gründung einer Bibelgesellschaft in Russland. In dem Schriftstück heißt es: »Ihre Kaiserliche Majestät hat sich aus eigener Erfahrung davon überzeugt, dass das Lesen der Heiligen Schrift nützlich ist für Menschen jeden Standes. Die Bibel kann dazu helfen, Fortschritte zu machen in Frömmigkeit und in guten Sitten.«

Das war der Anfang einer kurzen, aber überaus intensiven geistlichen Erweckung. Mit einem Mal gab es – besonders im Süden Russlands – »besondere Heilige«. Sie waren nicht dem Alkohol verfallen; sie waren tüchtig und verlässlich als Arbeiter; man konnte sie getrost zu Vorarbeitern machen; sie ließen niemanden ungetröstet sterben. So steht es in den Berichten, welche Gouverneure nach Petersburg erstatteten. Das alles fiel mitten in Russland auf, wo es zwar viel orthodoxe Frömmigkeit gab, viele Kerzen, viel Anbetung von Bildern, viel Weihrauchschwingen, viele Gesänge – aber wenig aus dem Geist der Bibel gestaltetes Leben.

Die frommen Leute dieses bisher ungewohnten Typs nannte man »Stundisten«. Denn die »Stunde« und damit die Bibel hatten sie als Saisonarbeiter bei den schwäbischen Kolonisten kennen gelernt, die sich im Süden Russlands angesiedelt hatten. Weil die Petersburger Bibelgesellschaft Bibeln ins Land gestreut hatte, gab es für Russen zum ersten Mal die Möglichkeit, mit und aus der Bibel zu leben. Wo immer es im großen Russischen Reich Erweckungen gab, da erwies sich jeweils die Bibel als Kraftquelle.

Angefangen jedoch hatte alles mit der kleinen württembergischen Prinzessin Sophie Dorothee, mit der an ihrem Ehemann schuldig gewordenen Zarin, mit der von Gott begnadeten Sünderin Maria Feodorowna. Letztlich war sie über allen Ereignissen nichts anderes als eine fromme, bibelgegründete, sozial wache schwäbische Pietistin geblieben.

Barbara-Juliane von Krüdener, geb. von Vietinghoff (1764–1824)

Die baltische Baronin und ihr gescheiterter Plan für ein christliches Europa

Ergriffen vom »All-Liebenden«

Die in Riga geborene Adlige war in glänzenden Verhältnissen verwöhnt aufgewachsen. »Auf dem Papier« war sie dann mit dem russischen Diplomaten Baron von Krüdener verheiratet gewesen. Als seine Ehefrau hatte sie als Weltbürgerin das Leben quer durch Europas Hauptstädte genossen. Sie eroberte jedoch noch als junge Mutter einer Tochter manches Männerherz. Schließlich war es in den vornehmen Kreisen Europas mit der ehelichen Treue damals nicht weit her. Juliane von Krüdener war auf allen nur denkbaren gesellschaftlichen Ereignissen so etwas wie das »Sahnehäubchen«. Sie sprühte vor Vitalität. Aufsehenerregend war es jedoch, als einer ihrer Verehrer vor ihren Augen tot vom Pferd sank. Er starb in jenem Augenblick an Herzversagen, als er ihr – sie am Balkon wahrnehmend – ein Rosenbukett zuwarf. Schließlich hatte ihr Mann genug davon, dass sich seine Ehefrau als große Verführerin wohlfühlte. Er trennte sich von ihr.

Juliane fühlte sich nun erst recht frei, nach eigenem Geschmack zu leben. Aber dann griff Jesus in ihr Leben ein. Er benutzte dazu einen sich zu den Herrnhutern haltenden Schuhmacher. Bei ihm ließ sich Juliane von Krüdener neue Schuhe anmessen. Dabei spürte sie: »Der hat etwas, was ich nicht habe!« Der Gedankenaustausch mit dem Handwerker führte dazu, dass sie im typischen Überschwang ihrer Seele einem Bekannten schreiben konnte: »Der All-Liebende ergriff mich mit seiner gewaltigen Liebe. Alles schwand vor meinen Augen – alle Erdenlust, alle Ehre, aller Ruhm der Menschen, alle Sinnenlust. All das waren wie nur schwache Kerzen, die beim allmächtig aufstrahlenden Licht der Sonne verlöschen müssen. Vor mir stand Jesus als der Geopferte. Sein allmächtiges ›Werde!‹ brachte Trost und Mut in mein Leben. Zu seinen Füßen sank ich, beraubt jedes Anspruchs, ent-adelt durch die Sünde, arm – doch meines Elendes froh. Von mir warf ich jeden Schmuck der Weltweisheit, auch jedes Gefühl eigener Kraft. Allein der Gedanke durchdrang mich: Werde ein Kind! Denn Kinder ließ ER gerne zu sich kommen. Es war Jesus selbst, der in mir betete: ›Gib mir Kindersinn, Kindereinfalt und hohen Glauben!‹«

Sie wollte damals Gott wirklich Großes zutrauen. Durch nüchtern-rationale Bedenken wollte sie sich bewusst nicht mehr bremsen lassen. Aber sie suchte nicht nur Kontakt mit frommen Männern ihrer Tage – wie etwa mit Hofrat Johann Heinrich Jung-Stilling in Karlsruhe und mit Pfarrer Johann Friedrich Oberlin im elsässischen Steintal –, sondern auch mit schwärmerischen Sonderlingen. »Im Kern war bei Frau von Krüdener alles echt«, so schrieb ein damaliger Zeitgenosse, »aber es wurde in heißer Treibhausluft krank«, in Unnüchternheit, die keine Kritik zuließ, auch keine Selbstkritik. Sie war durch und durch davon überzeugt, dass sie heißblütig immer ganz vorne mitmischen müsste. Sie bekannte selbst einmal: »Ich weiß wohl, wie mächtig die Eigenliebe in mir noch ist! Ich kenne meine Gefährdungen ganz genau. Immer wieder meine ich, ich müsse für diesen oder jenen Menschen ein Werkzeug Gottes werden. Es ist wie ein geheimer Hochmut!«

Die europäische Christenheit von den bürgerlichen Fesseln befreien

Die früher lebenshungrig blitzenden Augen der baltischen Baronin waren jetzt geradezu ekstatisch auf das Ziel gerichtet, die europäische Christenheit von ihren engen bürgerlichen Fesseln zu befreien.

Sie gehörte zu den Ersten in jener Zeit, die sich der zum Himmel schreienden sozialen Nöte annahm. Sie wollte den Ärmsten der Armen dienen, den Verbrechern, den Gescheiterten, den Bankrotteuren, den Landstreichern, den Schwerstkranken. Sie sollten zusammen mit überzeugten Christenmenschen in christlichen Lebensgemeinschaften Bergung und Hilfe finden. Das war die Vision der vornehmen Dame. Das erste Modell dafür war die 1815 auf dem Rappenhof bei Weinsberg gegründete Kommunität, die allerdings sehr schnell wieder durch die württembergische Obrigkeit aufgelöst wurde. Doch Frau von Krüdener ließ sich dadurch nicht abhalten, immer wieder modellhaft solche »Bergungsorte« anzustreben. In der Schweiz, besonders unterhalb des Grenzacher Horns, strömten ihr als dem »Engel der Armen und Kranken« ganze Massen von Landstreichern so zu, dass auch die Behörden der schweizerischen Kantone sie ausweisen ließen. Das festigte in ihr die Gewissheit, dass sich nur im Russischen Reich des von ihr wie ein himmlischer Erlöser verehrten Zaren Alexander I. »wahres apostolisches Christentum« verwirklichen lasse. Das war es dann, was sie dann später bis zu ihrem Tod im zerklüfteten Bergland der Krim zu verwirklichen suchte.

Noch wichtiger war es jedoch Juliane von Krüdener, Impulse zu geben für ein in wahrhaft christlichem Geist geeintes Europa. Der Christenglaube sollte doch nicht nur »privat« gelebt werden! Ein Zeitgenosse berichtet: »Frau von Krüdener saß neben dem Sofa auf einem kleinen hölzernen Schemel, die großen blauen Augen meist gen Himmel gerichtet. Geradezu suggestiv sagte sie: ›Es ist eine große Zeit, in der wir leben: Die Felsen schreien und die Erde tut sich auf, Könige fallen von ihren Thronen und neue Völker entstehen. Die großen Genies der Literatur haben aufgehört, das Alte ist abgestorben. Nur wer sich recht und ganz Jesus zuwendet, kann Großes und Edles tun!‹«

Frau von Krüdener war überzeugt davon, dass der russische Zar Alexander I. »der Erlösung Europas vom Verderben dienen« sollte. Nach ihrer Vision sollte gerade er – der schon von Jung-Stilling als kommender Heilsbringer angekündigte Herrscher – sich »der Förderung der Ehre Gottes in Europa weihen«.

Auf dem Weg zur »Heiligen Allianz« von 1815

Der französische Kaiser Napoleon war 1813 in der Völkerschlacht von Leipzig vernichtend geschlagen und nach Elba deportiert worden. Als er von dort noch einmal zurückgekommen war, mussten die 1814/1815 zum Wiener Kongress versammelten Verbündeten noch einmal zum Kampf gegen Napoleon aufbrechen.

Das war die Stunde, in der Frau von Krüdener meinte, die Zeit sei gekommen, in der »Frauen handeln müssen«. Sie brach vom Rappenhof bei Weinsberg auf nach Heilbronn. Dort logierte der russische Zar auf der Durchreise zu seinem Hauptquartier Heidelberg in dem am Marktplatz gelegenen Rauchschen Haus. Der Dichter und Arzt Justinus Kerner berichtete: »Der Zar hatte eine schlaflose Nacht. Er war in qualvoller Sorge über die damalige Weltlage und wie er dabei einzugreifen hatte. Vor seinem Bett kniend soll er Gott darum gebeten haben, ihm einen Menschen zu senden, der ihm das Richtige rate. Plötzlich meldete ihm ein Adjutant, im Vorzimmer stehe eine sonderbare Dame, die sich überhaupt nicht abweisen lasse und behaupte, sie müsse den Kaiser sprechen, sie nenne sich Frau von Krüdener. ›Sie soll eintreten, sogleich eintreten!‹, rief der Kaiser; ›Gott hat mein Gebet erhört!‹«

Zuerst richtete Frau von Krüdener »starke und tröstende Worte« an den müden Zaren. Dann aber warf sie ihm »eindringlich, aber mit Sanftmut« seine »religiöse Halbheit« vor. Seine vermeintliche Bekehrung zu Gott sei ein »Hirngespinst«. »Nein, Sire, Sie haben sich noch nicht dem Gottmenschen Jesus genaht wie ein Verbrecher, der um Gnade fleht. Noch haben Sie nicht Gnade gefunden vor dem, der allein Macht hat, Sünden zu vergeben. Sie haben sich noch nicht vor Jesus gedemütigt. Sie haben noch nicht wie jener Zöllner von Herzensgrund gerufen: ›Herr, sei mir Sünder gnädig!‹ Darum haben Sie auch keinen Frieden. Hören Sie auf die Stimme einer Frau, die eine große Sünderin gewesen ist, die aber Vergebung gefunden hat bei Christus!« Mit alledem nahm Frau von Krüdener Bezug darauf, dass Zar Alexander sich an der Ermordung seines Vaters Paul mitschuldig fühlte.

Der Zar begann zu weinen. Er barg das Gesicht in seinen Händen, so dass Juliane von Krüdener über ihre eigene Kühnheit erschrak. Hatte sie so mit dem Herrscher Russlands sprechen dürfen? Sie versuchte, sich wegen ihres Freimutes zu entschuldigen. Aber der Zar bat sie, fortzufahren: »Madame, Ihre Worte sind Musik für meine Seele!« Ganze drei Stunden dauerte die nächtliche Unterredung. Sie führte zu einer Lebensbeichte des Zaren, der lebenslang darunter litt, vom Offizierskomplott gegen seinen Vater Zar Paul I. gewusst, die Ermordung jedoch nicht verhindert zu haben.

Sobald der Kaiser in Heidelberg angekommen war, lud er die baltische Baronin zu sich ein. Sie bezog ein einfaches Bauernhaus am Neckar. Viele Abende verbrachte der Kaiser dort zu erbaulichen Gesprächen und zum gemeinsamen Lesen der Bibel. Bis dahin hatte der Kaiser – fast abergläubisch – die Bibel aufs Geratewohl aufgeschlagen, um diesen und jenen Vers als eine Art »Orakel« zu bekommen. Juliane von Krüdener brachte ihn jedoch dazu, täglich fortlaufend bis zu drei Kapitel zu lesen – und zwar zuerst in den Evangelien, dann in den neutestamentlichen Briefen und in den Propheten.

1815 brach der Zar in das von Napoleon befreite Paris auf. Frau von Krüdener musste ihm so rasch wie nur möglich folgen. Sie bezog Quartier in einem der kaiserlichen Wohnung nahe gelegenen Hotel. Durch eine kleine Gartenpforte konnte der Kaiser unbemerkt zur baltischen Baronin gelangen, oft täglich mehrere Male. Es war nicht im Entferntesten eine Liebelei, wenn auch manche der Zeitgenossen darin Gesprächsstoff fanden, dass beim Aufmarsch der siegreichen Truppen Frau von Krüdener hoch zu Ross dicht hinter dem Kaiser Aufstellung genommen hatte. Für ihn war sie eben die ihm von Gott gesandte »Prophetin Debora«. Von ihrer umfassenden politischen Vision war er mehr als nur beeindruckt: Nach der endgültigen Vernichtung von Napoleon, des fleischgewordenen Bösen, müssten die Siegermächte eine christliche Union abschließen, eine »heilige Allianz«. So wie einst die drei Weisen aus dem Morgenland dem Jesuskind gehuldigt hätten, so müssten die drei Staatenlenker von Russland, Österreich und Preußen Jesus bekennen als den, dem alle Macht auch auf Erden gegeben sei. In wahrer Bruderschaft sollten sie dazu berufen sein, die Religion zu schützen, den Frieden und die Gerechtigkeit.

Als die drei Monarchen im September 1815 eine solche »Heilige Allianz« mit ihrer Unterschrift besiegelten, da schien Juliane von Krüdener am Ziel dessen zu sein, was sie visionär angestrebt hatte. Aber weit gefehlt! Längst hatte der allem »Mystischen« abholden österreichische Staatsmann Metternich dafür gesorgt, dass den Allianzplänen »alle Zähne gezogen« worden waren; für ihn war die Allianz-Urkunde nichts als »leeres Geschwätz«. Denn Metternich fürchtete alle fromme Einmischung in das politische Geschäft mehr als den Teufel.

Gescheitert war Frau von Krüdener auch mit dem Vorhaben, breite Kreise der »Erweckung« in der Schweiz und in Süddeutschland vor ihre sozialen Anliegen zu spannen. Dort war man sehr zurückhaltend gegenüber allem Treiberischen, Drängerischen und Visionären. Sogar Jung-Stilling, der frühere Seelsorger der baltischen Baronin, ließ nun seine Freunde wissen: »Sie hat sich durch Schwärmereien verführen lassen und Irrtümer angenommen. Schriftlich und mündlich bin ich dagegen vorgegangen. Aber es hilft nichts!«

Unablässig neue Pläne

Frau von Krüdener legte dem Kaiser unablässig neue Ideen vor, dessen Ohr und Herz sie nach wie vor besaß: So sollte endlich die Leibeigenschaft in Russland aufgehoben werden. Russland sollte Getreidelieferungen in das von Missernten heimgesuchte Württemberg senden. Die schrecklichen Zustände in Russlands Gefängnissen – noch Jahrzehnte später von Tolstoj gegeißelt – sollten erträglicher werden. Ein allgemeines Schulwesen sollte aufgebaut werden. Vor allem sollte Russland tüchtige Kolonisten aus Deutschland in die Weiten des meist unbesiedelten Schwarzmeer-Gebietes locken; schließlich war Juliane von Krüdener fasziniert von der früheren Vision des frommen Jung-Stilling, dass weit im Osten Europas der endzeitliche »Bergungsort« liege. Frau von Krüdener bestürmte den Baron von Berckheim, ihren Schwiegersohn, er möge möglichst viele fromme Siedler nach Russland holen. Das war zwar gut gemeint, aber dadurch wurden viele verarmte Landwirte zu unbedachter Auswanderung angestiftet, wo doch in Russland keine Voraussetzungen für eine Ansiedelung gegeben waren.

1821 entzog sich der Kaiser plötzlich dem Einfluss der Beraterin. Vermutlich hatten ihn führende Kreise der russisch-orthodoxen Kirche dazu veranlasst, denen alle evangelischen »pietistisch-mystischen Machenschaften« ein Dorn im Auge waren. Der Kaiser ließ in einem achtseitigen Brief die baltische Baronin wissen: Sie bereite ihm, aber auch sich selbst große Schwierigkeiten, ja, sie nähre Unruhen um den Thron, wenn sie sich ständig die Freiheit nehmen würde, ihm solche Handlungen vorzuschreiben, die als Kritik an der Regierung verstanden werden müssten. Respektvoll bitte er sie, in Zukunft zu schweigen. Nur wenn sie sich diesen Wünschen beuge, könne ihr Verbleiben im Russischen Reich – allerdings nicht in St. Petersburg, sondern allein *vor* dessen Toren – geduldet werden.

So wirkte die aus Petersburg Ausgewiesene vor allem in ihrer baltischen Heimat. Regelmäßig hielt sie Bibelstunden und Erbauungszusammenkünfte in Mitau, in Riga und auf ihrem eigenen Gut Kosse bei Werro ab. Allerdings verlegte sie sich immer mehr darauf, Gottes kommende Gerichte anzukündigen.

Zar Alexander I. verhielt sich ihr gegenüber bis zu ihrem Ende ritterlich. Die an Schwindsucht schwer Erkrankte lud er auf die Krim ein. Dort sollte sie Gelegenheit haben, für ihre Anhänger eine christliche Kolonie zu gründen. Doch bevor sie das Projekt verwirklichen konnte, starb Juliane von Krüdener an Weihnachten 1824. Die letzten Gedanken der sterbenden Baronin hatten dem Kaiser gegolten, dessen »Seherin« sie gewesen war. Er hatte ihr durch den Entzug seiner Freundschaft die härteste Strafe auferlegt, die sie treffen konnte. Sterbend bat sie, man möge ihr das Armband anlegen, das ihr einst der Kaiser geschenkt hatte und an dem ein Medaillon des Kaisers befestigt war.

Doch zuvor hatte sie erklären lassen: »Ich bedaure, dass ich mich im Überschwang prophetischer Selbstüberschätzung in vielem getäuscht habe! Zu oft habe ich als Gottes Stimme angesehen, was mir doch nur mein Stolz und meine Einbildungskraft vortäuschten. Was ich Gutes tat, wird bleiben. Was ich Böses gewirkt habe, wird Gottes Barmherzigkeit auslöschen. Vor Gott und vor Menschen habe ich viele Fehler zu bringen! Aber ich bin gewiss, dass das Blut von Jesus mich auch von ihnen reinwäscht!«

Letzter Abschied

Wenige Wochen nach dem Tod von Juliane von Krüdener suchte im tatarischen Bergdorf Karassu-Basar (der heutigen Kreisstadt Bilohirsk) ein einsamer, hochgewachsener Reiter die Grabstätte der Baronin auf. Es war Zar Alexander, der jedoch unerkannt bleiben wollte. In der eiskalten einsamen Kapelle flackerten ein paar Kerzen. Sie beschienen den vor der Grabplatte betend knienden Besucher. Fast eine Stunde lang verweilte er dort. Als er sich endlich erhob, war sein Gesicht überströmt von Tränen. Langsam schritt er weg von dem Grab, als wenn er sich nur schwer hätte lösen können. Ein Schüttelfrost überfiel ihn, als er in die Nacht hinausschritt. Es war der erste Anfall des Fiebers, das wenige Tage später in Taganrog zu seinem Tod führte.

Der Zar aller Reußen hatte endgültig Abschied genommen von dem Menschen, der ihm mehr als zehn Jahre lang besonders vertraut gewesen war. Juliane von Krüdener hatte ihn aus vordergründigem Christsein zu wahrer Nachfolge führen wollen. Aber sie hatte ihr eigenes geistliches »Konto überzogen« und auch den zaudernden Zaren überfordert, als sie ihn in die Lichtgestalt eines endzeitlichen Retters hineinzwängen wollte. Nach ihrer Vorstellung sollte Alexander Europa von dem Ungeist befreien, der seit der Französischen Revolution und erst recht seit Napoleon von Westen her über Europa hereingebrochen war.

An dies alles mag Alexander I. in jener nächtlichen Stunde gedacht haben: an die Scherben der Vertrauensbeziehung zu der merkwürdigen baltischen Bußpredigerin, an die Scherben hochfliegender Pläne zur Rettung von Europa, an die Scherben seiner eigenen Heilsbringer-Rolle, ja auch an die Scherben seines früher so mutigen Bekenntnisses zur Bibel.

Juliane von Krüdener war mehr als nur eben eine »etwas schräge Person«. So hat zwar ein frömmigkeitsgeschichtlicher Experte unserer Tage geurteilt. Aber die Erinnerung an sie hält die Frage wach: Haben Christen denn dem ganzen Ungeist in Politik, Erziehung, Wissenschaft, Wirtschaft und Geistesleben nichts Entscheidendes entgegenzusetzen? Dürfen sie sich schmollend in Nischen privater Frömmigkeit zurückziehen? Sie können doch auch heute mitten in einer Welt voll von Ungeist Rettendes von Christus Jesus erwarten, dem alle Macht im Himmel und auch auf Erden anvertraut ist. Sein Reich gleicht – so hat er selbst formuliert – »einem Sauerteig, den eine Frau nahm und unter einen halben Zentner Mehl mengte, bis es ganz durchsäuert war« (Matthäus 13,33). Auch dies, nämlich eine solche »stille Revolution von unten«, war in Russland zu erleben, nicht nur die gescheiterte Veränderung von oben her, wie sie Juliane von Krüdener erstrebt hatte.

Fürst Alexander Galitzin
(1773–1844)

Ein Vorbote neuen Glaubenslebens in Russland

Kometenhafter Aufstieg und jäher Fall

Der volle Name des engen Vertrauten von Zar Alexander I. war Alexander Nikolajewitsch Galitzin. Er entstammte einem altrussischen Fürstengeschlecht, das mit dem Kaiserhaus eng verbunden war. Einer seiner Vorväter hatte bei einer Rebellion der Zaren-Leibwache den damaligen fünfjährigen Zarewitsch Peter, den späteren Peter den Großen, rettend in die Arme geschlossen, um ihn in einem Kloster zu bergen.

Die fürstliche Mutter hatte den kleinen Alexander schon als Kind nach St. Petersburg bringen lassen. Er sollte eine bessere Ausbildung bekommen, als sie auf den Familiengütern fernab der Hauptstadt möglich war. Aber es kam noch besser. Der aufgeweckte Alexander gewann das Herz einer adligen Frau, die Kammerdame bei der Zarin Katharina war. Sie war es, die den klugen und schlagfertigen Burschen der Zarin vorstellte. Diese fand solch ein Gefallen an dem kleinen Alexander, dass sie ihn in das kaiserliche Pagencorps aufnehmen ließ. Dort wurde er mit einer kleinen Schar künftiger Gardeoffiziere und Hofkavaliere auf ihre kommende Aufgabe gedrillt. Dabei war gesellschaftliche Gewandtheit und eine perfekte Beherrschung der französischen Sprache erstes Ziel. Charakterbildung stand indes nicht auf der Tagesordnung.

Alexander Galitzin ließ sich nicht von der moralischen Seichtheit seiner Kameraden anstecken. Durch seine charakterliche Geradlinigkeit und durch sein verantwortliches und besonnenes Handeln fiel er den Vorgesetzten wohltuend auf. Aber auch seine schnelle Auffassungsgabe war beachtlich. Sie verband sich mit einem erstaunlichen Gedächtnis für Namen und Gesichter sowie für alles Gehörte und Gesehene, auch für Daten.

Man wählte ihn aus als geeigneten Spielgefährten der beiden ältesten Zarensöhne, des vier Jahre jüngeren Großfürsten Alexander und des sechs Jahre jüngeren Großfürsten Konstantin. So kam Galitzin schon in jungen Jahren in den engsten Kreis des Zarenhofes. Als 14-jähriger Kammerpage der großen Katharina erlebte er im Taurischen Palais das pompös gefeierte Fest, das 1791 Fürst Potemkin der Kaiserin, seiner Geliebten, veranstaltet hatte.

Doch 1796 war der Traum von einem weiteren Aufstieg für Alexander Galitzin zu Ende.

Nach dem Tod von Katharina der Großen war ihr mehr preußisch-karg gesonnener Sohn Paul (Pawel) Zar geworden. Er räumte mit dem Pomp am Zarenhof auf, vor allem mit dem bestehenden Günstlingswesen. Auch der 23-jährige Galitzin fiel in Ungnade, vermutlich wegen einer etwas kecken Äußerung. Unvorsichtig hatte er die neu angebrochenen kargen Tage öffentlich verglichen mit den ihm so strahlend erscheinenden Regierungszeiten von Peter dem Großen und von Katharina der Großen. Kurz: Galitzin wurde durch allerhöchsten Befehl des Hofdienstes enthoben; der Aufenthalt in der Residenz von St. Petersburg wurde ihm untersagt. Eine bildhübsche Hofdame, zu der Galitzin eine starke Herzensneigung gefasst hatte, brach die Verbindung zu ihm ab.

Galitzin siedelte nach Moskau über. Verglichen mit St. Petersburg kam ihm in Moskau die Gesellschaft schrecklich langweilig vor. Deshalb leerte er »als lebenslustiger junger Mann den Becher aller nur denkbaren Freuden«, so umschrieb Geheimrat Peter von Goetze jene Zeit. Schließlich kamen ihm diese vordergründigen Freuden schal vor. Er stürzte sich mit ständig zunehmendem Interesse auf das Studium von Literatur und Geschichte, nachdem ihm ein Graf seine vierzigtausend Bände umfassende Bibliothek zugänglich gemacht hatte. Galitzin ging immer mehr dazu über, über alles Religiöse zu spotten.

In die Nähe des Zaren gerufen

1801, nach der Ermordung von Zar Paul, kam sein 24-jähriger Sohn Alexander auf den Kaiserthron. Er war der Jugendgefährte von Galitzin gewesen. Sogleich erinnerte sich der neue Zar seines früheren Freundes. Er bat ihn, nach St. Petersburg zurückzukehren. Während eines geheimen Vier-Augen-Gesprächs fragte der Zar: »Welchen Posten würde Er denn gerne einnehmen?« Galitzin erwiderte: »Ich habe keinen anderen Wunsch, als Seine Majestät täglich sehen zu dürfen, um mich an seinem Anblick zu erfreuen und ihn in trüben Stunden aufzuheitern.« Der Zar dankte lächelnd für diese Antwort. Aber er bestimmte ihn dazu, als Vertrauensmann des Zaren einigen Ministern zuzuarbeiten. Dabei zeigte Galitzin solches Können und auch solchen Arbeitseifer, dass auch andere Minister auf ihn aufmerksam wurden.

Letzten Endes hatte der kaiserliche Förderer wesentlich mehr mit Galitzin vor. Eine Gelegenheit dazu ergab sich, als der amtierende Oberprokuror des Heiligen Synod in Ungnade gefallen war – also der anstelle eines Patriarchen staatlich bevollmächtigte Leiter der russisch-orthodoxen Staatskirche. Bei einem privaten Diner im Taurischen Palais unterbrach Zar Alexander plötzlich das Gespräch und sagte: »Höre, Alexander Nikolajewitsch, ich habe Absichten auf dich!« Galitzin reagierte kurz: »Ich stehe Eurer Majestät zur Verfügung.« Als er jedoch hörte, dass der Zar ihn zum Oberprokuror machen wollte, wandte er ein: »Euer Majestät, das geht nicht! Eure Majestät kennen meine religiösen Überzeugungen und auch meine Lebensweise!« Doch der Zar blieb hart: »Du magst sagen, was du willst! Du wirst Oberprokuror werden!« Da erbat sich Galitzin die Gnade, dass ihm in Religionsangelegenheiten gestattet würde, unmittelbar beim Zaren vorstellig zu werden. Darauf ging der Kaiser ein. Galitzin wurde Oberprokuror und zugleich Staatssekretär mit direktem Zugang zum Kaiser.

Hintergrund für diese Bitte war eine erhabene Vision, die den Zaren zusammen mit Galitzin bewegte: Die verkrustete, von oft finsteren Mönchen beherrschte orthodoxe Kirche Russlands sollte aufgebrochen werden. Als »eigentliche Kirche« wurde die »innere Kirche« verstanden, die »Gemeinschaft der wahren Erweckten«. Die im Lauf der Kirchengeschichte entstandenen Konfessionen sahen sie nur als irdische Hüllen an, in denen sich die »wahre Gemeinde der Wiedergeborenen« verbirgt. Darum sollte eine tief gehende Evangelisierung des russischen Volkes Hand in Hand gehen mit einer breit angelegten Volksaufklärung und Volksbildung. Für diesen gewaltigen Plan wurde Fürst Galitzin so etwas wie eine Symbolfigur. Darum ließ ihn Zar Alexander I. geradezu unaufhaltsam Stufe um Stufe zu neuen Verantwortungen aufsteigen.

Auf der Höhe des Einflusses

Auf dem Höhepunkt seines Einflusses war Fürst Galitzin um das Jahr 1818. Damals war er 45 Jahre alt. Der Zar hatte ihn zum Chef der neu errichteten »Oberverwaltung der geistlichen Anliegen fremder Konfessionen« gemacht. In gewissem Sinn war er so etwas wie katholischer Papst für Russland und zugleich auch griechischer Patriarch, lutherischer Generalsuperintendent, jüdischer Oberrabiner und muslimischer Mufti. Gleichzeitig war er Minister für Kultus und Volksaufklärung. Alle Zuständigkeiten im Bildungs-, Erziehungs- und Religionsbereich lagen in seiner Hand.

Schon bei der Übernahme des Amtes als Oberprokuror hatte Galitzin begriffen: »Das macht eine totale Wende meiner Gesinnung und erst recht meines bisherigen Lebensstils nötig!« Mit einer Ernsthaftigkeit sondergleichen machte er sich mit kirchlichen Angelegenheiten vertraut. Vor allem studierte er das Neue Testament, »vielleicht zum ersten Mal in seinem Leben, und es ging ihm zu Herzen« (Goetze). Sein angeborenes Gefühl für das Angemessene verbot es ihm, staatlicher Repräsentant für die Kirche zu sein und zugleich ein Weltmann zu bleiben. Gott selbst hatte eingegriffen, um aus dem ehemaligen Lebemann ein Werkzeug dafür zu machen, dass in Russland mehr als bis dahin das biblische Evangelium laut werden konnte.

In St. Petersburg fiel auf, dass Galitzin immer mehr glanzvolle Gesellschaftsereignisse mied. Der unverheiratet Gebliebene lud anstelle großer Empfänge Gäste und Freunde sonntags zur Messe in seine private Hauskapelle ein. Daran anschließend gab es im Empfangssaal seines Palais Gespräche zum »Steh-Tee«.

Der einflussreiche Fürst und Zaren-Vertraute war zwar von kleiner Statur. Aber umso auffallender war sein lebhafter, an allem Anteil nehmender Gesichtsausdruck, vor allem seine wachen, doch zugleich fast schwermütig blickenden Augen. Unter dem etwas gelichteten Haupthaar war eine hohe Stirn. Der Mund war immer zu einem Lächeln bereit, das freundliches Entgegenkommen signalisierte. Eine besondere Gewohnheit von Galitzin war es, in der rechten Hand mit einer Tabaksdose zu spielen. Er, der das Sammeln von Schnupftabakdosen als Hobby betrieb, war immer sorgfältig gekleidet, meist im grauen Frack. Wenn er sich in der Morgenfrühe an die Arbeit machte, trug er anstelle des Fracks einen seidenen Schlafrock. Aber unter dem Schlafrock war er schon völlig angekleidet, einschließlich der Seidenstrümpfe und der schmalen, ihm wie angegossen sitzenden Schuhe. Das glatt rasierte Gesicht war stets sorgfältig gepudert. So brauchte er, wenn er überraschend zum Zar gerufen wurde, nur noch in den Frack zu schlüpfen oder sich in die Uniform zu werfen.

Geheimrat Peter von Goetze, einer der engsten Mitarbeiter von Fürst Galitzin, schätzte neben der raschen Auffassungsgabe seines Chefs vor allem sein immer gleichbleibendes liebenswürdiges Wesen; unfreundliche Mienen habe es bei Galitzin nie gegeben, erst recht keine unfreundlichen Worte. Bis in sein Wesen hinein war bei Fürst Galitzin abzulesen, dass ihm »die Beförderung des wahren Reiches Christi« zur Hauptsache geworden war.

Ein entscheidendes Werkzeug dazu sollte die vom Zaren neu gegründete Russische Bibelgesellschaft mit all ihren Zweiganstalten sein, die mit Hilfe der *British and Foreign Bible Society* in London aufgebaut wurde. Schon 1812 hatte der Zar seinen Vertrauten Galitzin zum Präsidenten dieser Russischen Bibelgesellschaft bestimmt. Diese war mitten in der vaterländischen Not gegründet worden, in die Napoleon mit seinem Überfall auf Russland die ganze Nation gestürzt hatte. In einem der verzweifeltsten Augenblicke hatte der Zar im Arbeitszimmer von Galitzin eine Bibel entdeckt und in ihr den Trost Gottes gefunden. Nun, da die napoleonische Not abgewendet worden war, wollte er sich der Verbreitung der Bibel widmen. Fürst Galitzin sollte dies ins Werk setzen. Dies waren die Worte des Zaren: »Es bereitet mir wirkliche Freude, das allerorten zu vermerkende Streben nach dem zu unterstützen, was uns dem wahren Reich Christi nahebringen kann!«

Weiterhin hatte Galitzin 1816 veranlasst, in Deutschland »erweckte Geistliche« für Russland anzuwerben. Sie sollten »im Geist des wahren Christentums arbeiten«. Konkret war an katholische Priester wie Ignaz Lindl und Johannes Gossner gedacht. Sie gehörten der sogenannten »Allgäuer Erweckungsbewegung« an, die in ihrer bayerischen und österreichischen Heimat immer mehr durch die eigene katholische Kirche ausgegrenzt, ja sogar verfolgt worden war. Als dann Lindl und Gossner nach St. Petersburg gekommen waren, lösten sie mit ihrer Verkündigung und Seelsorge eine religiöse Erweckungsbewegung aus. Dieser »geistliche Frühling« wurde allerdings von der Priesterschaft der russisch-orthodoxen Kirche mit Argwohn begleitet.

Die Entlassung von 1824 und ihr Vorspiel

Ein Großteil der gebildeten, meist dem »Weltklerus« entstammenden Bischöfe und Erzbischöfe unterstützten noch lange den vom Kaiser gewünschten und von Galitzin ins Werk gesetzten religiösen Erneuerungskurs. In den Augen des sogenannten »schwarzen Klerus«, der sich aus fanatischen, meist ungebildeten orthodoxen Mönchen rekrutierte, war jedoch Galitzin ein »Geheimfeind« Russlands und seiner Kirche, einer, der die Fundamente von Kirche und Staat unterminierte. Repräsentant des Widerstandes war der bei vielen Damen der Gesellschaft geradezu als Heiliger verehrte Mönch Photi, Archimandrit eines Nowgoroder Zentralheiligtums. Photi scheute sich nicht, den Zaren persönlich aufzusuchen und ihn zu beschwören, Galitzin fallen zu lassen, der doch nichts anderes als ein »Werkzeug des Satans« sei.

Photi und seine Hintermänner taktierten dabei klug. Sie machten nicht die vom Kaiser selbst ins Leben gerufene Bibelanstalt schlecht. Auch kritisierten sie nicht offen Galitzins weitgespannten Einsatz für die Volksbildung, durch den das ganze Volksschulwesen Russlands verbessert und durch den bis hin in das entfernte Kamtschatka Schulen errichtet worden waren. Sie wussten durchaus auch um Galitzins Förderung der »Medizinisch-Philanthropischen Gesellschaft«, um seine beachtlichen Impulse zur Gründung von Gefängnis- und von Fürsorge-Komitees, von Zufluchtsstätten für unheilbar Kranke. Sie hatten sogar Sympathie für Galitzins Einsatz für griechische Flüchtlinge, die vor mordenden Türken in das südliche Russland geflohen waren. Zwar sahen sie die von Galitzin gegründeten oder mindestens stark ausgebauten Universitäten in Dorpat und in St. Petersburg als »Pflanzstätten des Unglaubens und der revolutionären Gesinnung« an, aber davon ließen sie dem Kaiser gegenüber nichts verlauten.

Aber sie stellten dem Kaiser die von Galitzin geförderten Pfarrer der Erweckungsbewegung zusammen mit den englischen Freunden der dortigen Bibelgesellschaft als eine »Verschwörerbande« dar; die von ihnen in Umlauf gebrachten »mystischen« Schriften enthielten – so behaupteten sie – »auf jedes Pud Weizenmehl ein Pfund Arsenik«. Sie seien voll von Gotteslästerung und von umstürzlerischer Gesinnung. Photi ließ den Fürsten Galitzin wissen: »Du wirst sehen, dass dich entweder die Erde verschlingt oder dass der Zorn Gottes dich ewiglich heimsucht, wenn du nach wie vor so großzügig deine Oberaufsicht wahrnimmst!«

Fürst Galitzin stellte sich am 24. April 1824 einer Begegnung mit Archimandrit Photi, um klarzumachen: »Mit all meinen Maßnahmen verfahre ich nach dem Willen des Kaisers!« Darauf brüllte Photi ungehalten: »So geh zum Kaiser, wirf dich vor ihm auf die Knie. Erkläre dich für schuldig, ihn zum Irrtum verführt zu haben!« Galitzin versuchte, ruhig zu fragen: »Wie kommen Sie dazu, in solchem Ton mit mir zu sprechen?« Photi gab zur Antwort: »Als Diener der heiligen Kirche kann ich dich wegen deiner Halsstarrigkeit im Übeltun der ewigen Verdammnis überantworten!« Als daraufhin Galitzin den Raum im Palais Orlov verließ, schrie Photi dem Fürsten nach: »Anathema, sei verflucht, anathema!«

Sogar der bis dahin in der ganzen Affäre unschlüssige Metropolit Seraphim wurde von Photi mobilisiert, um eine Audienz beim Kaiser nachzusuchen. Dabei flehte Seraphim den Zaren an, er möge endlich Russlands Rechtgläubigkeit und Thron schützen. Erstaunt fragte der Zar: »Vor wem soll ich schützen?« Antwort: »Vor dem Fürsten Galitzin und vor seinem Ministerium!« Theatralisch legte sich der Metropolit dem Kaiser zu Füßen, nahm seine weiße Mitra ab und legte sie vor dem Zaren nieder. Das war dem Kaiser Anlass genug, am 15. Mai 1824 durch einen Ukas (Erlass) festzulegen: »Fürst Galitzin ist – bis auf die oberste Postverwaltung – aus allen seinen bisherigen Ämtern entlassen. Die Bibelgesellschaft wird vorerst durch den Metropoliten Seraphim weitergeführt [der sie dann in aller Stille als »teuflisches Machwerk« begrub]. Pfarrer Gossner wird des Landes verwiesen. Alle erreichbaren Exemplare der von ihm verfassten Bücher sind zu verbrennen.«

Das geistliche Frühlingserwachen in Russland war wie durch einen eiskalten Frosteinbruch plötzlich erstorben. Fürst Alexander Galitzin hatte seinen so ganz besonderen Einfluss mit einem Schlag eingebüßt. Doch der Zar legte Wert darauf, dem ehemaligen Jugendfreund seine ganz persönliche Wertschätzung zu erhalten. So machte Zar Alexander I. eineinhalb Jahre vor seinem Ableben den Fürsten Galitzin zum allerengsten Vertrauten in der Entscheidung, dass nicht der nächstälteste Bruder Großfürst Konstantin die mögliche Thronfolge antreten sollte, sondern vielmehr der wesentlich jüngere Bruder Großfürst Nikolaus.

Ohne Groll gegen Menschen – der Ewigkeit entgegen

Am 25. November 1825 traf in St. Petersburg die Nachricht ein, dass Zar Alexander I. ganz plötzlich in Taganrog verstorben sei. Großfürst Nikolaus, der nichts von dem Thronfolge-Manifest wusste, huldigte seinem Bruder Konstantin als dem neuen Zaren und ließ auch die Garden ihm den Treueid aussprechen. Fürst Galitzin hatte die Todesnachricht erhalten, als er im Petersburger Newsky-Kloster an einer Messe teilnahm. Sofort eilte er in das Winterpalais. Er war außer sich vor Schmerz über den Verlust des Monarchen-Freundes, noch mehr aber vor Entsetzen über die vollzogenen Huldigungen. Erst als Fürst Galitzin Glieder des Reichsrates beschworen hatte, das bis dahin geheim gehaltene Testament Alexanders zu öffnen und den Inhalt ernst zu nehmen, wurde von der Einsetzung Konstantins zum Zaren abgesehen.

All diese verworrenen Vorgänge belasteten schon gleich zu Beginn die Regierungszeit von Zar Nikolaus I. – und auch die Beisetzung des Zaren Alexander I. Als der Sarg von der Kasanschen Kathedrale in die Peter-und-Paul-Festung gebracht und auf den hohen Katafalk gestellt worden war, musste Fürst Galitzin wie ein Greis gestützt werden, damit er tränenüberströmt und halb ohnmächtig dem Toten die letzte Ehre erweisen konnte.

Der neue Kaiser Nikolaus I. setzte in Galitzin ganzes Vertrauen. In rascher Folge wurden ihm höchste Orden verliehen; als »Wirklicher Geheimrat I. Klasse« hatte er Feldmarschallsrang. Wenn das Kaiserpaar verreiste, wurde Fürst Galitzin die Oberaufsicht über die kaiserlichen Kinder übertragen, die ihn »Onkel Galitzin« nannten.

Eine dieser Großfürstinnen, die spätere württembergische Königin Olga (1822–1892), berichtete: »Wir blieben in Zarskoje Selo unter der Obhut des Fürsten Alexander Galitzin, eines alten Familienfreundes und ehemaligen Pagen der Kaiserin Katharina. Sein treues Gedächtnis hatte alles Eindrückliche jener Epoche aufbewahrt. Fürst Galitzin war unerschöpflich im Erzählen von Anekdoten. Er verstand sie gut zu erzählen. Wir wurden nie müde, ihm zuzuhören. Ich bedauere, dass niemand aus unserer Umgebung das Erzählte mitschrieb. Mittags aß er immer mit uns. Klein von Gestalt, in grauem Frack, den Stock in der Hand und ein Flacon mit Ungarwein in der Tasche, so erschien er jeden Dienstag bei meinen Eltern. Er liebte alles Rosenfarbene. Er liebte Frauen, die in Erwartung waren, und auch Tabaksdosen, die er sammelte. Seine Salons waren behangen mit Portraits aus der Regierungszeit von Peter dem Großen und von Katharina II. In seinem Haus gab es eine Kapelle. Sie war erhellt durch eine Kuppel aus gelbem Glas. Das ließ sie wie von der Sonne durchglänzt erscheinen. Zurückgezogen von der großen Welt, stets besorgt um seine Gesundheit, sammelte er einen Kreis von Freunden um sich, die seine religiösen Neigungen teilten. Auf seine alten Tage zog sich Fürst Galitzin zurück auf seinen Landbesitz, den er auf der Krim hatte. Dort endigte er seine Tage. Von Blindheit bedroht ertrug er in christlicher Geduld die Staroperation – und lobte Gott aus vollem Herzen, als er wieder das Meer, seine Gärten und auch die Brunnen erblicken konnte, deren Abflüsse er in Kreuz-Form hatte anlegen lassen. Mit Werken der Wohltätigkeit und mit der Lektüre frommer Bücher beschäftigt, war sein Alter wahrhaft erbaulich.«

Königin Olga hätte auch noch erwähnen können, dass Galitzin immer wieder für kurze Zeit seine Besitzung Gaspra-Alexandria bei Jalta verließ, um sich in St. Petersburg mit Menschen zu versöhnen, die ihm Schwierigkeiten gemacht hatten. Ganz bewusst wollte er »ohne jeden Groll« aus dieser Welt scheiden können. In der Frühe des 22. Novembers 1844 entschlief Fürst Galitzin bei vollem Bewusstsein in seinem 71. Lebensjahr. Trotz den Atembeschwerden, verursacht durch eine schwere Brustwassersucht, hatte er sich in Erwartung des Sterbens das heilige Abendmahl reichen lassen. Beigesetzt wurde er im St.-Georg-Kloster bei Sewastopol. Gott hatte ihn benutzt, um an einigen Stellen »den fruchtbaren Boden, das große, weite Feld Russlands« (Gossner) aufpflügen zu lassen.

Henriette, Herzogin von Württemberg, geb. Prinzessin von Nassau-Weilburg (1780–1857)

»Unsere edle Mutter des Volkes Gottes in Württemberg«

»Finstere Kräfte des Bösen«

Aus nassauischem Fürstengeschlecht stammte sie; sie war verwandt mit dem englischen Königshaus und mit den holländischen Oraniern. Aber Christian Gottlob Barth nannte sie »unsere edle Mutter des Volkes Gottes in Württemberg«. In erster Linie war sie leibliche Mutter von vier später gekrönten Töchtern und eines weniger bekannt gewordenen Sohnes Alexander (1804–1885). Über die älteste Tochter Maria Dorothea (1797–1855), verheiratet mit dem Erzherzog Josef von Österreich, Palatin von Ungarn, war die aristokratische Frau verschwägert mit dem österreichischen Kaiserhaus. Die zweite Tochter Amalie (1799–1848) wurde als Herzogin von Sachsen-Altenburg eine der Stammmütter des hannoverschen Königshauses. Pauline (1800–1873), die dritte Tochter, war an der Seite von Wilhelm I. Königin von Württemberg. Die vierte Tochter Elisabeth (1802–1864) wurde Markgräfin von Baden.

Das alles sieht so aus, als ob eitel Sonnenschein über der Familie gelegen hätte. Aber Herzogin Henriette hatte eine schwierige Ehe. Sie war verheiratet mit Herzog Ludwig von Württemberg, dem Bruder des württembergischen Königs Friedrich I., einem derben und heftig aufbrausenden Krieger. Er befehligte die württembergischen Reiterscharen, als diese auf der Seite Napoleons gegen Preußen zu Felde zogen. Er war 23 Jahre älter als seine nassauische Ehefrau. Schon seit jungen Jahren war er durch einen Sturz vom Pferd gesundheitlich schwer angeschlagen. Von seiner Ehefrau treu gepflegt, starb er 1817 im Kirchheimer Schloss, dem traditionellen Witwensitz württembergischer Herzoginnen. König Friedrich I. hatte seinem Bruder und seiner Familie dieses Schloss als Wohnsitz überlassen.

Die Erziehung der fünf Kinder lag ganz in den Händen von Herzogin Henriette. Es war ihr Bestreben, ihnen das Beste zu geben. In die Verstrickungen politischer Weltgestaltung wollte sie sich selbst nicht einmischen. Aber ihre Kinder sollten fähig werden, öffentliche Verantwortung in einer Welt zu übernehmen, in der sich »die finsteren Kräfte des Bösen regen«. Wichtiger noch als die exzellente geistige und musische Bildung ihrer Kinder – immerhin war Carl Maria von Weber beinahe zwei Jahre lang Musiklehrer im Kirchheimer Schloss – war der mütterlichen Adligen daher, dass die jungen Leute Glaubensimpulse bekämen.

Geist-reiche »Zirkel«

Henriette nötigte ihre Kinder weder zum Lesen der Bibel noch anderer geistlicher Bücher. Auch zwang sie die Töchter samt dem Sohn nicht zum Beten. Sie nötigte die jungen Leute nicht zu Gottesdiensten und geistlichen Veranstaltungen. Vielmehr übertrug sie das Modell des geistreichen »Zirkels«, der vornehmen Teegesellschaften und der exklusiven Clubs auf das Religiöse. Gastlich öffnete sie ihre besten Säle für Begegnungen mit vitalen Christenmenschen. Sie sorgte dafür, dass im Kirchheimer Schloss Menschen aus- und eingingen, die etwas von der Wirklichkeit Gottes und seines Reiches ausstrahlten. Dazu gehörte der Herrnhuter Reiseprediger Johann Conrad Weiz ebenso wie der am Stuttgarter Hof in Ungnade gefallene Pfarrer Christian Adam Dann, der Missionspionier Christian Gottlob Barth gleichermaßen wie die Kirchheimer Seelsorger Jonathan Friedrich Bahnmaier und der Dichterpfarrer Albert Knapp; die beiden letzteren hatte Herzogin Henriette bewusst als Seelsorger auf die beiden Kirchheimer Pfarrstellen gezogen. »Tätige Glieder des Reiches Gottes« sollten zu dem Kreis gehören, den sie um sich sammelte. Auf diese Weise bekamen die fürstlichen Kinder schon in jungen Jahren viel davon mit, welche Macht der Glaube an den lebendigen Christus sein kann, welche Horizonte er auch in den Bereichen von Diakonie und Weltmission aufreißt und wie er hellwach für die Herausforderungen der Gegenwart macht.

Christen sollten »natürlich« sein und bleiben. Das war Herzogin Henriette wichtig. Obwohl sie selbst Tabakgeruch nicht leiden konnte, freute sie sich am Pfeifenrauchen des Kirchheimer Dekans Bahnmaier. Sie schenkte ihm sogar eine wertvolle Tabakspfeife mit der Bemerkung: »So liebt man seine Freunde, dass man selbst ihre Schwächen unterstützt.« Das Christenleben, das sie ihren Kindern vermitteln wollte, sollte nicht mit lauter Verboten gespickt sein. Vielmehr sollte es vom großen »Ja« Gottes zu den Menschen bestimmt sein.

Mutter mit Leib und Seele

Schon als die Töchter längst verheiratet waren, sorgte die Mutter dafür, dass sie von Seelsorgern stützend begleitet würden. Besonderes Vertrauen gewährte sie dabei dem schlicht erscheinenden, in äußerer Armut quer durch Deutschland wandernden herrnhutischen Diasporaprediger Johann Conrad Weiz (1780–1857). Weiz begleitete geistlich Königin Pauline von Württemberg, die in ihrer Ehe mit König Wilhelm I. nicht glücklich war. Viele Briefe gingen zwischen Weiz und Königin Pauline hin und her. Wenn Herzogin Henriette zu Besuch im Stuttgarter Schloss war, sorgte sie dafür, dass auch das aus Königsfeld stammende Ehepaar Weiz eine Privataudienz bei der Königin bekam. Die mütterliche Herzogin finanzierte Reisen von Weiz mit der Extrapost nach Preßburg zur Tochter im fernen habsburgischen Land und zur Tochter in Sachsen-Altenburg. Besonderen seelsorgerlichen Zugang fand Weiz bei der österreichisch-ungarischen Erzherzogin. Nach einem Besuch von Weiz schrieb sie an ihre Mutter: »Was mir früher unerträglich war, scheint mir nun leichter.«

Weiz konnte sich auch beim badischen Großherzog und bei Baron von Gemmingen dafür einsetzen, dass der vom Katholizismus zum evangelischen Glauben übergetretene Erweckungsprediger Aloys Henhöfer in Baden wirken konnte. Das alles geschah unter der schützenden Hand von Herzogin Henriette.

In »Welthändel« wollte sie sich ganz bewusst nicht einmischen. Sie schrieb einmal: »Dazu habe ich weder die Macht, noch getraue ich mir, die Zustände wirklich recht ermessen zu können. Ich bin zu schüchtern, mein Ermessen für das richtige zu halten. Punktum!« Aber wenn es um religiöse Fragen ging, dann setzte

Herzogin Henriette alle Hebel in Bewegung. So etwa, als württembergische Dekane die herrnhutischen Reiseprediger als unruhestiftende »Emmissaire« ansahen, denen das Wirken im Königreich Württemberg untersagt gehörte. Auf Henriettes Einsprache ist es zurückzuführen, dass neben den örtlichen pietistischen Gemeinschaften auch die Reiseprediger Herrnhuts Möglichkeiten zum Wirken bekamen, wie wir sie heute von »Reise-Evangelisten« kennen. Von Bahnmaier, dem Schwager des Basler »christlichen Erfinders« Christian Friedrich Spittler, hatte sie die Parole gehört, die ihr eingeleuchtet hatte: »Wir wollen dafür sorgen, dass in aller Welt Heiden zu Christen werden; aber wir wollen uns umso mehr darum bemühen, dass in unserem Land nicht wieder aus Christen Heiden werden!«

Herzogin mit Humor und großen Ideen

Äußerlich gesehen traute man der in den mittleren und späteren Lebensjahren sehr korpulent-matronenhaft gewordenen Herzogin nicht zu, dass sie in ihrer Jugendzeit in Bayreuth eine hochgewachsene schlanke Frau gewesen sein soll. Erst recht traute man ihr beim ersten Hinsehen nicht zu, dass sie voll erfinderischer Dynamik war – besonders auch im Bereich von Diakonie und Armenfürsorge. Aber wer genauer hinblickte, war beeindruckt von den wachen blauen Augen, von der schön gebauten Stirn, von der Fülle des silberweißen Haares. Vor allem aber waren bei Herzogin Henriette die Weite des Denkens beeindruckend, der nüchterne Verstand, die vorsichtige Klugheit, mit der sie geduldig, aber auch standhaft ihre Ziele verfolgte. Dabei hatte sie Sinn für Humor und für treffenden Witz. Christian Gottlob Barth schrieb: »Wenn die Herzogin nach ihrer Lorgnette griff, da sie kurzsichtig war, und sah sie jemanden, mit dem sie sich unterhielt, fest an, so wusste man, dass gewiss ein treffendes Wort folgen werde.« Die Herzogin gab gerade diesem Dr. Barth, dessen Urteil in christlichen Kreisen weit über Württemberg hinaus viel galt, neckend den Beinamen »Papst«; damit wollte sie ihn an die Gefährlichkeit seiner Stellung erinnern.

Mütter haben ein natürliches Gespür dafür, dass Leben erhalten werden und dass Leben gemehrt werden muss. Das hat Herzogin Henriette nicht nur den eigenen Kindern gewährt. Vielmehr war sie eine fürsorgliche Mutter des einfachen Volkes gerade mit all ihren Impulsen im weiten Bereich der Diakonie. Als Präsidentin des Kirchheimer Wohltätigkeitsvereins sorgte sie dafür, dass in und um Kirchheim 22 »Industrieschulen« eingerichtet wurden; bis dahin hatten Kinder aus sozial schwachen Schichten keine Möglichkeit einer guten Schulbildung. Für die Kirchheimer Kleinkinderschule spendete die Herzogin den Grundstock aus ihrer Privatschatulle. Im Rahmen der von Beuggen am Rhein ausgehenden Rettungshausbewegung für arme und verwahrloste Kinder, die dann vor allem in Württemberg Fuß fasste, setzte sich Herzogin Henriette unermüdlich für die Gründung und für den Ausbau der Kirchheimer »Paulinenpflege« ein. Sie war es, die Impulse für den Bau des Kirchheimer Wilhelmspitals gab und für seine Prägung durch Kaiserswerther Diakonissen. Aber auch die Gründung der ersten Ortskrankenkasse und der privaten Feuerwehr in Kirchheim geht auf ihre Anstöße zurück. Herzogin Henriette hielt engen Kontakt mit dem 1852 von Göppingen nach Kirchheim verlegten Frauenstift, das später als »Henriettenstift« den Namen der Wohltäterin bis heute weiterträgt, nun als Seniorenheim. Die letzte Gründung Henriettes war eine besondere Schule für »Töchter« (1857). Durch das Begleiten ihrer eigenen Töchter wusste sie, wie wichtig rechte Bildung gerade für zukünftige Frauen und Mütter ist. All diese Impulse haben weitergewirkt. Die zentrale diakonische Einrichtung Hannovers trägt heute immer noch den Namen »Henriettenstiftung«; denn die Enkeltochter Marie, Königin von Hannover, ermöglichte im Geist der Großmutter und auch mit Hilfe des Erbes den Bau dieses Diakonissenkrankenhauses (heute durch weitere Einrichtungen ergänzt), das bewusst den Namen der Großmutter Henriette bekam.

»Eine Perle des Königshauses«

Auch darin war Herzogin Henriette eine rechte Mutter, dass sie die Fäden in der Hand behalten und doch Aufgaben delegieren konnte. Sie konnte Beauftragte ermutigen und loben, Zögernde jedoch sanft tadeln. Sie hielt es mit den Gesangbuchversen, die Bahnmaier gedichtet hatte:

Auf zur Ernt in alle Welt!
Weithin wogt das reife Feld;
klein ist noch der Schnitter Zahl,
viel der Garben überall.
Herr der Ernte, groß und gut,
weck zum Werke Lust und Mut;
lass die Völker allzumal
schauen deines Lichtes Strahl!

Herzogin Henriette war schon schwer leidend, als sie sich beim württembergischen Hof dafür einsetzte, das Töchterinstitut auf eine solide finanzielle Grundlage zu setzen. Erhalten geblieben ist uns eine kleine Notiz, die einem Betrag von hundert Gulden beigelegen hatte: »Als Gabe schickt es die Königin, die gerade hier war, in die Kasse. Henriette.« Nach schmerzhaftem Magen- und Darmleiden verstarb die weit über Kirchheim und Württemberg hinaus beliebte Herzogin. Als letzte Angehörige des Hauses Württemberg wurde sie in der Grablege der Stuttgarter Stiftskirche beigesetzt.

Der Herrnhuter Reiseprediger Weiz schrieb damals: »Sie war eine Perle des Königshauses, eine Mutter der Armen und Notleidenden, eine vielfältige Helferin in allen Werken zur Ehre Gottes und eine demütige, lebendig gläubige Jüngerin Jesu Christi. Außerhalb Württembergs geboren, war sie doch im Laufe eines halben Jahrhunderts völlig im württembergischen Vaterland eingelebt und ein hervorragendes Glied im Kreise der Gläubigen Württembergs geworden. Der Umgang mit Mitchristen war ihr ein Bedürfnis. Dabei gab es bei ihr keinen Standesunterschied. Sie erbaute sich mit Leuten aus dem Volke ebenso wie mit Gebildeten. Mit warmem Interesse verfolgte sie den Gang des Reiches Gottes hier und in aller Welt. Es war ihr wichtig, immer neue Werkzeuge Jesu im In- und Ausland kennenzulernen. Nie fand sich bei ihr auch nur eine Spur von gesuchter Geistlichkeit. Sondern da war nur ungezwungene Freundlichkeit und bei allem Ernst noch solche Heiterkeit, dass man sich recht zurückhalten musste, um nicht die durch den Standesunterschied gezogene Grenze mutwillig zu überschreiten.«

Noch kürzer fasste Christian Gottlob Barth seinen »Nachruf« auf die Herzogin: »Diese Vereinigung von Hoheit und Demut, von Geistreichheit und Einfalt, von Nüchternheit und Eifer, von Milde und Ernst ist mir sonst nirgends vorgekommen.«

Charlotte von Bodelschwingh, geb. von Diest (1793–1869)

Die Mutter von »Vater Bodelschwingh«

»Was hat er für eine Mutter gehabt?«

Bethel, auch »die Stadt der Barmherzigkeit« genannt, ist das Lebenswerk des Pastors Friedrich von Bodelschwingh (1831–1910). Zu den vielen Menschen, die sein reich bewegtes Leben geprägt haben, gehört in erster Linie seine Mutter Charlotte, geborene von Diest.

Die so ganz besondere Verbundenheit mit ihrem Sohn Friedrich begann für die Mutter schon vor der Geburt des Kindes. Als sie in der Passionszeit des Jahres 1831 ihr sechstes Kind erwartete, war sie während des Kirchgangs der Familie allein zu Hause zurückgeblieben. Im damals eben erschienenen Heft mit Predigten des württembergischen Erweckungspredigers Ludwig Hofacker (1798–1828) las sie: »Dem Herrn Jesus zuzutrauen, dass er helfen kann, ist nichts besonders Großes. Dabei muss man sich nur an seine Taten erinnern. Aber das ist groß, ihm fortwährend zuzutrauen, dass er helfen will.« Da weihte sie das Kind, das sie erwartete, dem Herrn Jesus zum Eigentum und zum Dienst. Am Abend dieses Tages hielt sie einen gesunden Jungen, Friedrich genannt, in den Armen.

38 Jahre später starb Charlotte in Dillenburg. Dort war im Frühjahr 1868 ihre geliebte Tochter Sophie, verheiratet mit dem Landrat Julius von Oven, ganz plötzlich ihrem Mann und ihren fünf kleinen Söhnen durch den Tod entrissen worden. Danach hatte die leidgeprüfte Großmutter Charlotte um das Christfest 1868 herum auch noch miterleben müssen, dass ihre vier Enkel, die Kinder Friedrichs aus dem Pfarrhaus Dellwig (bei Unna),innerhalb von wenigen Tagen an Diphtherie verstarben. Doch die letzten Worte, die ihr Sohn Friedrich von den Lippen der Mutter hörte, waren deutlich vernehmbar das Bekenntnis des Psalmbeters: »Dennoch bleibe ich stets an dir. Ob mir gleich Leib und Seele verschmachtet, so bist du doch, Gott, allezeit, meines Herzens Trost und mein Teil« (Psalm 73,23.26). Aus diesen Quellen lebte Charlotte von Bodelschwingh.

Adolf Schlatter, der Tübinger Professor für Neues Testament, konnte, wenn irgendein Mann in höchsten Tönen gepriesen wurde, das Loblied unterbrechend fragen: »Was hat er denn für eine Mutter gehabt?« Er hatte so zu fragen gelernt, weil er in ganz besonderer Weise Friedrich von Bodelschwingh zugetan war. Von ihm wusste er um die Kräfte, die den so vielseitigen »diakonischen Pionier« Bodelschwingh geprägt hatten.

Aus einem ehrwürdigen, aber verarmten Geschlecht

Charlottes Vater war der Tribunal-Präsident Heinrich von Diest. Der imposant klingende Titel täuscht. Die Familie lebte in ganz bescheidenen Verhältnissen, zuerst in Kleve, dann in Burgsteinfurt. Schon früh hatte Heinrich von Diest seine Frau verloren, die Mutter von neun Kindern. Es war besonders Charlotte, die dem alten und kränklichen Vater bis zu seinem Tod im Jahr 1814 beistand.

Das eigentliche Erbe der von Diests bestand in einer ungewöhnlich charaktervollen Familientradition. In der Vorreformation gab es von Diests als Bischöfe von Münster, Lübeck, Utrecht und Straßburg. Ein Arnicus von Diest wurde als »Freund Gottes« um 1200 heiliggesprochen. Doch mit der Reformation bekannte sich die Familie zum evangelischen Glauben. In den belgischen Niederlanden wurden zwei Glieder der Familie zu Märtyrern. Von da ab finden sich von Diests im Staatsdienst, auf Kanzeln und auf Lehrstühlen rheinischer Städte.

Einschneidender jedoch als diese Tradition waren die Bedrängnisse, die Charlottes Wesen geprägt haben. Dazu gehörten die Wirren der sogenannten »Befreiungskriege«. So war ihr späterer Ehemann Ernst von Bodelschwingh lebenslang gesundheitlich angeschlagen durch eine Verwundung (Lungendurchschuss), die er bei Gefechten bei Freyburg an der Unstrut erlitten hatte. Charlottes Schwester Angelie war mit Karl August von Witzleben, einem preußischen Oberst, der später Schriftsteller wurde, verheiratet. Dieser wollte auch in Kriegszeiten Gattin und Kinder um sich haben. So reiste Charlotte mit ihrer Schwester, die kurz zuvor Zwillinge geboren hatte, in eiskalten Wintertagen deren Mann ins Quartier nach. Die Schwester erkrankte schwer. Charlotte pflegte sie bis zum letzten Atemzug und nahm sich danach der verwaisten Kinder an. Die große Armut, in der Charlotte und die Ihren leben mussten, bezeichnete sie später als eine »besondere Erziehungsschule Gottes«. Da sie auf kein Vermögen zurückgreifen konnte, verdiente sie durch Sticken den notwendigsten Unterhalt.

Ein folgenreicher Unfall

1815 war Charlotte zusammen mit ihrer Schwester Angelie in einer Kutsche unterwegs zum Rhein. Kurz vor Unna scheuten die Pferde, die Kutsche kam vom Weg ab, der Kutscher verletzte sich schwer. So waren die Schwestern genötigt, zur Weiterreise die Postkutsche zu nehmen. In diese Postkutsche stieg auch ein gerade von schwerer Verwundung genesener junger Jäger-Leutnant ein, um seine Truppe am Rhein zu erreichen. Dieser junge Offizier mit dem Namen Ernst von Bodelschwingh war Charlotte schon einmal im Haus ihres Schwagers von Witzleben begegnet, ohne dass die beiden jungen Leute etwas füreinander empfunden hatten. Die gemeinsame Fahrt in der Postkutsche jedoch hinterließ bei beiden jungen Leuten einen tiefen Eindruck. Trotzdem dauerte es noch fast sieben Jahre, bis Charlotte und Ernst heiraten konnten.

Denn zuvor musste Ernst von Bodelschwingh seine Ausbildung zu Ende führen, und zwar als Referendar in Kleve, Arnsberg, Berlin und Münster. Auch war die »arme« Charlotte ihrer zukünftigen Schwiegermutter alles andere als willkommen. Sie, ein stolzes und willensstarkes Persönchen, hatte im Stillen eine der Töchter des Freiherrn vom Stein an die Seite ihres ältesten Sohnes gewünscht. Charlotte ertrug das Leid dieser Zurücksetzung so geduldig, dass die alternde Schwiegermutter schließlich niemand lieber um sich hatte als ihr »Lottchen«, wie sie dann liebevoll die Schwiegertochter nannte.

1822 wurde Ernst von Bodelschwingh zum Landrat des Kreises Tecklenburg ernannt. Zwar gab es in dem Städtchen keine geeignete Wohnung für den neuen Regierungsbeamten. Aber die Witwe seines Vorgängers bot seiner Familie einen Teil ihres Hauses »Mark« als Bleibe an. Das Gemäuer dieses alten Wasserschlosses wurde bald gefüllt vom fröhlichen Treiben der ständig wachsenden Kinderschar. »Die fröhlichste Stimme gehörte jedoch der Landrätin«, so heißt es in einem alten Bericht. Sie fühlte sich nicht nur in ihrer Familie geborgen, sondern auch in dem Glaubensleben, das im sogenannten »Ravensberger Land« ganz neu aufgebrochen war.

Neue Aufträge, neue Bewährungen

Zwei Monate nach der Geburt von Friedrich mussten die Bodelschwinghs das geliebte Tecklenburger Land verlassen. Der Landrat war als Oberregierungsrat nach Köln versetzt worden. Noch in demselben Jahr wurde er Regierungspräsident von Trier. Schon 1834 wurde er zum Oberpräsidenten der preußischen Rheinprovinz mit Sitz in Koblenz ernannt, und 1842 wurde er gar als Finanzminister nach Berlin berufen.

Aber diese steile Karriere war hart erkauft. Der einst 1813 schwer an der Lunge Versehrte wurde immer wieder von schweren Erkrankungen überfallen. Mehrfach war er von den Ärzten eigentlich schon aufgegeben worden. Seine Ehefrau war nicht so frei gewesen, um die Heilung ihres Mannes zu flehen. Vielmehr hatte sie Gott gebeten, er möge ihr Herz fest machen, so dass sie zu seinen Wegen »ja« sagen könne. Immer wieder durfte sie jedoch ihren Mann behalten. Ihr Sohn Friedrich erzählte später davon: »Ganz deutlich sehe ich noch heute das glückliche Antlitz der Mutter vor mir, wie sie sich am Morgen über unsere Betten neigt und uns Kleine mit der Freudenbotschaft begrüßt: ›Liebe Kinder, der Vater wird wieder besser!‹«

Als dann 1846 Minister Ernst von Bodelschwingh wieder einmal auf den Tod erkrankt war – es war die siebte schwere Erkrankung! –, schickte der König seinen Leibarzt. Dieser stellte die Diagnose: »Es kann nur noch eine Viertelstunde dauern!« Die Kinder waren erschrocken. Aber hinter dem Leibarzt sahen sie das Gesicht ihrer Mutter. Sie schüttelte den Kopf und lächelte leise. Das sah Franz, der Älteste. Auch er konnte sich eines zuversichtlichen Lächelns nicht erwehren. Der Arzt war sichtlich befremdet über den »gefühllosen Kerl«. Aber die Mutter behielt auch damals Recht. Aus vielfacher Erfahrung hatte sie auf dem Gesicht ihres Mannes schon die Wendung zur Genesung wahrgenommen.

Ähnliche Wunder hatte sie auch bei anderen Menschen erlebt, zu denen sie »geführt« worden war. So etwa in Kassel, wo sie auf dem Weg nach Berlin zwölf Stunden auf die nächste Postkutsche warten musste. Sie wurde – in der Wartezeit durch Kassel wandernd – in das Arme-Leute-Viertel »geführt«. In der Nacht zuvor hatte es gefroren, ihre Schuhe hatten sich als zu leicht erwiesen. In einem kleinen Schuhladen sah sie ein einziges Paar Schuhe stehen. Eine abgehärmte Frau kam zur Bedienung – und erzählte: »Der Schuhmacher kämpft schwer krank um sein Leben. Die ausgestellten Schuhe sind das letzte Paar im Laden!« Die Frau Ministerin Bodelschwingh ließ sich zum Schwerkranken führen und betete mit ihm. Das Paar Schuhe kaufte sie für einen hohen Preis. Später erfuhr sie, dass nach dem Gebet mit dem Kranken die Wendung zum Besseren eingetreten war.

Charlotte von Bodelschwingh blieb ihrem Gott – aber auch sich selbst – treu. Auch wenn die Familie so oft die Heimat wechseln musste, sorgte sie doch stets dafür, dass den Kindern »eine fröhliche Heimat« erhalten blieb. Noch im Alter erinnerte sich Friedrich als der »Vater von Bethel« sowohl an die Gärten als auch an die geheimnisvollen Rumpelkammern in den zum Teil uralten Häusern. Vor allem war es der Mutter wichtig, dass ihre Kinder eine solide Ausbildung bekommen sollten – trotz des vielfältigen Ortswechsels. So wurden bewährte Hauslehrer berufen, einer von ihnen kam, vom Rettungshausvater Christian Heinrich Zeller empfohlen, aus Beuggen am Rhein. Den Kindern war Charlotte stets eine treu sorgende Mutter. Als einmal während eines wichtigen Hoffestes einige ihrer Kinder schwer erkrankt waren, hat sie sogar das Königspaar gebeten, »mit Rücksicht auf ihre Kinder dem Hoffest fernbleiben zu dürfen«.

Von den Kindern war der kränkliche Sohn Ernst schon jung in Trier verstorben. Noch schmerzlicher jedoch war der Tod ihres ältesten Sohnes Ludwig, der bei einem Ehrenhandel schwer verletzt worden und an einer daraus erwachsenen Blutvergiftung verstorben war. Dass er auf leichtsinnige Wege geraten war, war der Mutter ein nicht in Worte zu fassender Schmerz. Sie blieb jede Nacht wachend auf, bis sie endlich die Schritte des erst am frühen Morgen heimkommenden Sohnes hörte. Es war dann der Mutter ein Trost, dass der sterbende Sohn noch vor dem Tod der Mutter sein Herz ausschütten und den Vater um Verzeihung bitten konnte.

Für ihren Mann war Charlotte eine unüberbietbar opferbereite und in ständigem Gebet zu Gott geborgene Ehefrau, ob sie nun Frau Landrat in Tecklenburg, Frau Oberpräsident in Koblenz oder Frau Minister in Berlin war.

Als einmal bei einem Empfang im Oberpräsidium in Koblenz die Köchin ausfiel, kochte wie selbstverständlich Frau von Bodelschwingh für die Gäste. Die eigentliche Bewährung der Ehefrau Charlotte kam jedoch, als Minister von Bodelschwingh im Zug der Revolution von 1848 unter dem Druck der Straße zurücktrat. In tiefem Schmerz trat er seinen Weg in die westfälische Heimat an. Er wurde jedoch auf dem Bahnhof von Minden von einem Mann erkannt, der dann spottend hinter ihm herrief: »Oller Ex, oller Ex!« Frau Charlotte sagte nur: »Lass ihn spotten, es ist ja gut für uns so!«

Damals zog die Familie in eine bescheidene Wohnung in Westfalen, die ihnen noch vom Familiengut geblieben war. Dort wohnten sie, bis nach den überstandenen Revolutionswirren der preußische König sie zu einem neuen Dienst rief. Als Regierungspräsident von Arnsberg wirkte Ernst von Bodelschwingh noch zwei Jahre lang. Bei einer erneuten Erkrankung hatte er vor der Feier des heiligen Abendmahls gebetet: »Herr, wenn du siehst, dass es mir und den Meinen heilsam ist, dass ich noch bleibe, so will ich wohl bleiben; wenn du aber siehst, dass ich von dir abkommen sollte, so nimm mich nur gleich dahin!« Von Gott abkommen zu können, davor hatte er Angst – und auch davor, ein langes, untätiges Alter erleben zu müssen.

Als Minister Ernst von Bodelschwingh dann einer letzten schweren Erkrankung erlegen war, fanden die Töchter Frieda und Sophie die Mutter Charlotte mit einem von Dank erfüllten Antlitz neben der Leiche des Vaters. »Wie sollte ich weinen«, sagte sie, »da Gott ihn mir 28 Jahre gelassen hat und wir so unbeschreiblich glücklich miteinander gewesen sind.« Der Sohn Friedrich bekannte: »Bei unserer lieben Mutter war es immer so, dass gerade während der Zeit des ersten und tiefsten Schmerzes der Glaube sich in ihr am sieghaftesten bewies und die Freude über die Tröstungen Gottes viel größer war als der Schmerz. Besonders groß aber war ihre Freude, dass wir fünf Geschwister alle uns mit ihr auf demselben Weg des Glaubens befanden und ihren Glauben und ihre Hoffnung teilten.«

Mutter und Sohn Friedrich

Friedrich von Bodelschwingh war ganz in die Art seiner Mutter hineingewachsen. Mit ihr blieb er auch im Glauben verbunden, als er sich entschlossen hatte, den Beruf des Landwirts zu ergreifen. Seine erste Lehrzeit in einer Domäne im Oderbruch wurde unterbrochen durch den Militärdienst in Berlin, während er gleichzeitig an der Universität Rechtswissenschaft studierte. Offenbar hatte er sich über der doppelten Aufgabe zu viel zugemutet. Eine schwere Lungenentzündung, während derer ihn seine Mutter pflegte, führte dazu, dass Friedrich »als ein an der Muskete ausgebildeter Halbinvalide« aus dem Militärdienst entlassen wurde. Als Gutsinspektor in Gramenz fühlte er sich dazu herausgefordert, die wirtschaftliche und familiäre Not der ihm anvertrauten Leute zu lindern. Wie er selbst bekannte, hatte ihn die vorbildliche Treue des Vaters zu allem Anvertrauten und das warme Herz der Mutter für alle Notleidenden dazu bewegt.

Als ihn dann ein »zufällig« ihm in die Hand geratenes Missionstraktat dazu anregte, noch Theologie zu studieren, war in der Mutter Charlotte ein lange gehegter Wunsch in Erfüllung gegangen. Ihre Gebete begleiteten den Sohn Friedrich zum Studium nach Basel, in die Aufgaben als Pfarrer der deutschen Tagelöhner in Paris und in die Gemeinde Dellwig/Ruhr.

Niemand als die Mutter Charlotte bekam so tiefe Einblicke in das, was den Sohn Friedrich in seinen Diensten bewegte. Das so ganz einfache Leben des »Gassenkehrerpfarrers« von Paris, das er in einem überaus bescheidenen Häuschen zubrachte, war ganz in ihrem Sinn.

»Sie fühlte sich unbeschreiblich behaglich in dem kleinen Häuschen und hatte keinerlei Wunsch, dass wir uns ins Breitere begeben möchten.« Sie hatte nie vergessen, wie Gott ihr gerade in jenen Jahren peinigendster Armut ihr und den Ihren nahe gewesen war.

Charlotte erlebte nicht mehr, dass ihr Sohn Friedrich nach Bielefeld berufen wurde und wie er die Anstalten zu Bethel auf- und ausbaute. Aber – so schreibt die Diakonissen-Oberin Sophie Schweikhardt – »Charlotte von Bodelschwingh hat Gott das Entscheidende für das große Werk tun dürfen: sie durfte Bethel den ›Vater Bodelschwingh‹ schenken, den Begründer, das Herz, die Seele der großen Liebesarbeit.«

Graf Felician von Zaremba
(1794–1874)

Ein Sonderbotschafter des Christus Jesus

Aller christlicher Lack war abgeblättert

Graf Zaremba stammte aus altem polnischem Adel, von beiden Seiten der Eltern und Voreltern her. Die Vorfahren hatten unter der Fahne des russischen Doppeladlers gekämpft. Auch Graf Zaremba hatte einen Pass des Zarenreiches. Schließlich wollte er als Diplomat in den Dienst Russlands treten. Neben dem heimatlichen Polnischen und Litauischen sprach er fließend auch Russisch, Deutsch und Französisch. Aber auch in Englisch und Italienisch konnte er sich verständlich machen. Kurz: Er war der geborene Europäer, wenn nicht gar ein echter Weltbürger. 23-jährig hatte er in Dorpat seine juristischen Studien mit dem Doktortitel abgeschlossen. Nun standen ihm, der auch Major des russischen Reserveheeres war, eigentlich alle Türen offen für eine aussichtsreiche diplomatische Laufbahn im Russischen Reich. Dies Zarenreich hatte sich unter Alexander I. nach der Befreiung von dem Napoleonischen Überfall mit den wichtigsten europäischen Mächten verbündet. Dr. Felician Graf von Zaremba war in das »geheime Reichskollegium für auswärtige Angelegenheiten« aufgenommen worden.

Mit dem Christusglauben hatte der junge Diplomat nichts am Hut. Er wollte nichts zu tun haben mit Kirche, Bibel und Frömmigkeit. Die gerade damals durch den Hof von St. Petersburg geförderte Bibelverehrung kam ihm sogar als Rückfall in längst überholten »Mystizismus« vor. Die von Zar Alexander I. geförderte Idee einer »Heiligen Allianz« der Großmächte sah er als peinliches Getue an. Zwar waren seit der Reformation seine polnischen Vorfahren treue calvinistisch Reformierte gewesen. Aber bei Graf Felician war anscheinend endgültig aller christlicher Lack abgeblättert.

Die Wende

Der geistreiche Spötter Zaremba wurde durch einen Freund zu einer Wende angestoßen. Auch für diesen war solch ein persönlicher Kontakt wichtiger als irgendeine gute Predigt. Dieser Freund erzählte ihm angeregt von einem Lebensbild, das ihn gepackt hatte. Es war die Lebensbeschreibung des Arztes und Multi-Gelehrten Johann Heinrich Jung, genannt Jung-Stilling. Der sprach die Sprache der damaligen jungen Generation. Sogar Goethe pries diese Autobiographie an. An diesem Buch war jedoch mehr noch als die Sprache, ja mehr noch als die durch dieses Lebenszeugnis ausgelöste Stimmung etwas anderes eigenartig: Es weckte die Sehnsucht danach, dass das eigene Leben durchgreifend anders werden sollte. Das war es, was gerade dieses Buch in Deutschland und erst recht in Russland mit all seinem moralischen Durcheinander einschlagen ließ wie ein Blitz.

So war es jenem Freund von Zaremba gegangen. Dieser steckte nun auch Zaremba an mit dem Sehnen, eine Leidenschaft für Gott zu bekommen. Bei Jung-Stilling hieß es etwa: »Wer nicht dahin kommt, dass das Herz mit einer starken Leidenschaft Gott liebt, dem hilft alles Moralisieren ganz und gar nichts. Allein die Liebe Gottes macht uns tüchtig, moralisch gut zu werden.« Und: »Mein Herz ist die falscheste Kreatur auf Gottes Erdboden. Immer meine ich, ich hätte die Absicht, mit meinen Fähigkeiten Gott und dem Nächsten zu dienen. Aber es ist nicht wahr! Ich will nur gern ein großer Mann werden, gern hochkommen, um nur auch tief fallen zu können. O, wo krieg' ich Kraft, mich selber zu überwinden!?«

Graf Zaremba hatte beinahe den Eindruck, solche Sätze seien nur für ihn ganz persönlich geschrieben worden. Von da an war ihm nichts so wichtig, als sich selbst zu überwinden – und mit solchen Menschen Gemeinschaft zu haben, die aus der Bibel täglich die Kraft schöpften, nicht sich selbst zu leben, sondern Gott und dem Nächsten.

Zaremba trennte sich – anders als jener reiche Jüngling, von dem die Bibel berichtet – von seinem ganzen großen Besitz an Gütern in Polen. Viel schwerer fiel es ihm offenbar, solche Menschen zu finden, die ganz mit der Bibel und ganz nach der Bibel leben wollten.

Das blieb auch ein noch größeres Problem, als aus dem russischen Staatsdienst freigestellt zu werden. Es zog ihn, als er schließlich freigekommen war, ins Badische, dem letzten Wirkungsort des »Herrn Hofrates« Jung-Stilling. Dort *musste* es doch Christen geben, die wirklich mit und aus der Bibel lebten. Wie ein Wanderbursche strandete er schließlich in Weinheim an der Bergstraße. Das letzte Geld war ihm ausgegangen. Aber der Dekan in Weinheim verstand Zarembas Anliegen nicht, Menschen zu finden, die wirklich die Bibel ernst nahmen. Er meinte: »Wir alle sind doch hier getaufte Christen!« Zaremba jedoch hatte an das Wort von Jesus gedacht, das sein Leben geprägt hatte: »Jeder unter euch, der sich nicht lossagt von allem, was er hat, der kann nicht mein Jünger sein.« (Lukas 14,33)

Auf diesem Weg ganzer Hingabe an Jesus und an arme Menschen suchte Zaremba Mitchristen. Schließlich kam sogar der Dekan auf eine rettende Idee: »Wenn es Ihnen Jung-Stilling so sehr angetan hat, dann gehen Sie doch hinüber ins Nachbarhaus; mein Amtsbruder, Pfarrer Dr. Schwarz, ist ein Enkel von Hofrat Stilling!« Und Pfarrer Dr. Schwarz wusste Rat: »Da ist doch gerade in Basel ein Missionsseminar gegründet worden. In der Gemeinschaft der für Jesus entschiedenen Zöglinge wäre doch der polnische Edelmann [der aussah wie ein Handwerksbursche] am besten aufgehoben!«

So zog Zaremba weiter nach Basel. Dort wurde der polnische Aristokrat liebevoll in Empfang genommen. Zaremba berichtete später von jenem 21. August 1818: »Ich fand eine Liebe, wie ich sie in der Weise und in dem Maße noch nie kennen gelernt hatte!«

Dieser Tag der Aufnahme in der Missionsanstalt von Basel brachte die entscheidende Wende in das Leben des polnischen Edelmannes. Denn danach war er 56 Jahre lang im Dienst der Basler Mission, einer eigentlich württembergisch geprägten Missionsgesellschaft auf schweizerischem Boden. Von ihr wurde er ausgesandt zu missionarischer Pionierarbeit im Kaukasus, in Armenien, in Persien und in der Türkei. Als diese Arbeit unmöglich gemacht worden war, baute Graf Zaremba ideenreich die Aufgabe eines Missionsreisepredigers aus, die er schon von Basel aus – meist während der Ferienzeiten – begonnen hatte. Unermüdlich bereiste er die deutschen Staaten und Kirchentümer, um Menschen den Horizont aufzureißen für den weltweiten Jesus-Auftrag, in aller Welt zur Nachfolge aufzurufen. Über diesen – meist »per pedes apostolorum« unternommenen – Berichtsreisen entstand während der Jahrzehnte ein eng geflochtenes Netz von persönlichen Kontakten, gerade auch mit Schlüsselfiguren der damaligen Erweckung.

Auf in den Kaukasus!

In dem neu gegründeten Missionsseminar von Basel ging es damals mehr als ärmlich zu. In einer armseligen alten Behausung musste der russisch-polnische Adlige auf engstem Raum mit bisherigen Bauernburschen und Handwerksgesellen zusammenleben. Die Missionsanstalt zog von einer Notunterkunft zur nächsten Interimsbleibe. Bisherige Spender fielen aus – besonders nach den europäischen Hungerjahren von 1816 und 1817. Es war ein Lichtblick für Zaremba, dass er schließlich die offizielle Freigabe aus kaiserlich-russischen Diensten erhielt. Um sie hatte er lange gebettelt. Am Ende hatte er erfolgreich den Fürsten Galitzin angeschrieben, von dem er wusste, dass er für Zarembas Entscheidung Verständnis aufbringen würde. Das war und blieb die unüberbietbare Würde von Zaremba: dass er, aus kaiserlich-russischen Diensten freigegestellt, nun dem größten König unmittelbar mit dem Einsatz seines ganzen Lebens dienen konnte.

Für das Missionsseminar Basel war es ein Lichtblick, dass es endlich zu einem »eigenen« Missionsgebiet zu kommen schien.

Denn bis dahin war die Basler Mission darauf angewiesen, dass die englische Kirchenmission – die Church Missionary Society in London – die besten Absolventen Basels in den englischen Missionsdienst übernahm, um sie in ihrem Namen in das afrikanische Sierra Leone, nach Indien und sogar nach Neuseeland zu entsenden.

Zu einer richtigen Begeisterung aber kam es darum in Basel, als der englische Freund Robert Pinkerton aus Odessa schrieb: »Leute, Freunde, Geschwister! Hier ist Euer Feld! Im Kaukasus! Hier sind deutsche Kolonistendörfer – von Bessarabien bis hinunter nach Georgien –, die ohne Euch ihr Christsein vergessen. Sie leben umgeben von alten einheimischen Kirchen, etwa der armenischen Kirche, die im Lauf der Jahrhunderte ausgetrocknet, ohne Leben, ohne Ausstrahlung auf die Bevölkerung sind! Hier könnten Türen aufgehen zu einem Siegeszug des Evangeliums hinein in den Bereich des Mohammed, des falschen Propheten. Es könnten für Jesus Brücken geschlagen und Heerstraßen gebaut werden, die hinüberreichen bis weit nach Osten!«

Das war es, was in Basel überzeugte. Das schien die Erfüllung aller sehnlichen Gebete um ein »eigenes Missionsfeld« zu sein! Darin wurde der große Auftrag für Basel gesehen: »In der tatarischen Umwelt muss eine Vorburg der Christenheit entstehen! Von da aus sollen die Boten Jesu die Stämme Russlands durchziehen, aber auch das wundervolle Alpenland des Kaukasus mit Leben aus Gott erfüllen! Wenn nur erst einmal das Licht Gottes hoch auf den Zinnen der Kaukasusgipfel aufgesteckt ist, kann es auch hineinleuchten nach Persien und in die Quellgebiete von Euphrat und Tigris. Wir wollen doch nicht nur einzelne Missionsstationen und Schulen samt Druckereien einrichten. Vielmehr sollen die alten Kirchen der Nestorianer und der Armenier mit dem Feuer der Reformation neu belebt werden!«

Bei all dieser Begeisterung war eines in Basel »nicht bedacht worden«, so hieß es dreißig Jahre später in Basel: »Wir rechneten nicht mit der so überaus zähen Verschlossenheit der muslimischen Welt!« Zwar hätte Zaremba, der ehemalige Diplomat und Kenner

Vorderasiens, ihnen das gleich zu Beginn sagen können. Aber er wollte nicht als pessimistischer Besserwisser gelten. Er wollte keiner sein, der Wasser in den Wein der Begeisterung mischt. Sonst hätte er warnen müssen: »Leute! Wer im großen Russischen Reich arbeiten will – und die von Unruhen geschüttelten Provinzen von Kaukasien und Georgien gehörten ja dazu –, der braucht Beziehungen. Wer keine einflussreichen Leute in St. Petersburg hinter sich hat, kann in jenen Ländern von jedem kleinen Polizeifeldwebel gestoppt und unschädlich gemacht werden! Und: Wer in Russland wirken will, der braucht unvorstellbare Geduld, riesengroße Ausdauer! Der Russe hat Zeit, viel Zeit! Und erst die Entfernungen! Ihr macht euch keine Vorstellung! Sogar Napoleon mit seiner ganzen Kriegsmaschinerie hat sich in der Weite des russischen Raumes totgelaufen!«

Das hätte Graf Zaremba sagen können. Er hätte damit Recht gehabt. Aber seine eigentlichen Bedenken gegen die erste Begeisterung hatte er bei Jesus gelernt. Als damals einmal die Jünger Jesu meinten, jetzt sei der Startschuss zum Siegeslauf Jesu gegeben, hatte Jesus ernüchternd deutlich gemacht: »Wenn das Weizenkorn Frucht bringen soll, dann muss es zuerst in die Erde hinein und dort ersterben!« (nach Johannes 12,24). Jesus schreibt seine Segensgeschichte mit Gescheiterten, mit Verzweifelten, mit Ratlosen.

Das war es, was Zaremba ganz persönlich durchlitten hatte. Es hatte sich in und weit über Basel hinaus herumgesprochen gehabt: »Da ist ein junger Christ aus dem Ausland, der seine ganze Karriere aufgegeben hat – und seinen ganzen Besitz –, nur um Gottes biblisches Wort ganz ernst zu nehmen! Der kann doch sicher auch Kranke gesundbeten, dieser Ausländer mit seinem Glauben!« So hatte man Zaremba auch an das Tübinger Krankenlager des jungen schwer kranken, im Geist wirr gewordenen Kandidaten Ludwig Hofacker geholt. Zaremba kniete beinahe zwei Stunden am Bett Hofackers. Nichts geschah, obwohl Zaremba flehentlich Jesus um Hilfe angerufen hatte. Es schien mindestens so, als ob nichts geschehen sei. Hofacker musste am nächsten Morgen ohne jedes

Anzeichen einer Besserung in die Stuttgarter Heimat gebracht werden. Aber genau dort machte Jesus den nach wie vor an Leib und Seele schwachen Hofacker zu seinem Werkzeug, zum Evangelisten des württembergischen Landes.

»Aufgepasst mit den träumerischen Parolen vom Siegeszug des Reiches Gottes!« Das war es, was Zaremba aus der Bibel, aus selbst erlittenem Scheitern gelernt hatte. Diese Überzeugung traf er auch bei Mitchristen an, welche aus der Bibel leben wollten.

Zu ihnen zu zählen war etwa Samuel Preiswerk, Lehrer an der Basler Missionsanstalt. Er dichtete den Liedvers:

Du gingst, o Jesu, unser Haupt,
durch Leiden himmelan
und führest jeden, der da glaubt,
mit dir die gleiche Bahn.
Wohlan, so nimm uns allzugleich
zum Teil am Leiden und am Reich!
Führ uns durch deines Todes Tor
samt deiner Sach' zum Licht empor!

Graf Zaremba ergänzte dies Lied »Die Sach' ist dein, Herr Jesu Christ« durch eine weitere Strophe:

Du starbest selbst als Weizenkorn
und sankest in das Grab.
Belebe denn, o Lebensborn,
die Welt, die Gott dir gab.
Send Boten aus in jedes Land,
dass bald dein Name werd' bekannt,
dein Name voller Seligkeit.
Auch wir steh'n dir zum Dienst bereit,
zum Dienst in Kampf und Streit!

Das hatte Zaremba vor Augen, als er sich mit ein paar hochbegabten Gefährten rufen und für die Kaukasus-Mission aussenden ließ. Er wollte nicht auf Siege bauen, für die es keine Zusagen von Jesus gab. Vielmehr wollte er erleben, dass Jesus als Lebensborn die Welt beleben kann, weil Gott ihm diese Welt gegeben hat. Dabei wollte er um der Ehre des Jesus willen Mithelfer sein.

In der Person von Graf Zaremba hatte Jesus den Basler Missionsleuten gezielt die richtige und nötige Hilfe zukommen lassen. Zaremba hatte die erforderlichen Beziehungen. In St. Petersburg bekamen sie ohne Weiteres die dringend benötigten Empfehlungs- und Schutzschreiben. Ohne sie hätten Zaremba und seine Mitarbeiter sich schon an jenen Barrieren totgelaufen, welche die russisch-orthodoxe Kirche gegen jeden Einfluss von außen aufgerichtet hatte. Durch Vermittlung des frommen Fürsten Galitzin, der Zaremba so wohlgesonnen war, kam es sogar zu einer ermutigenden Privataudienz beim Zaren Alexander I. Als sich die Abreise der Missionare jedoch hinauszögerte – in Russland braucht alles viel, viel Zeit! –, da richteten Zaremba und seine Mitarbeiter in St. Petersburg die ersten »Missionsstunden« ein. Die um die Pfarrer Ignaz Lindl und Johannes Evangelista Gossner aufgebrochene Erweckungsbewegung wurde zum Nährboden für eine Missionsgemeinde auch in der Hauptstadt St. Petersburg. Ihr wurde damit der Horizont geweitet für die universal weite »Sache des Herrn Jesus Christ«.

In Berg-Karabach

Erst im Sommer des Jahres 1822 traf die Basler Gruppe in Astrachan ein, im Mündungsdelta der Wolga. In einem Bericht heißt es: »Die Straßen der Stadt sind voll von Kalmücken, Tataren, Armeniern, Dagestanern, Russen. Über der Stadt strahlt weithin sichtbar die Kuppel der tatarischen Moschee. Ganze Haufen fanatischer Mohammedaner, Anhänger des falschen Propheten, spotten des gekreuzigten Christus. Und die Namenschristen aus Ost und West entehren mit ihrem Lebenswandel den Namen ihres Herrn. Alles ist von Aberglauben und Unglauben durchdrungen! Da sollen wir Boten Jesu sein?! Herr, Leben und Tod ist in deiner Hand!«

Zuerst jedoch forderten weitere Sprachstudien ihr Recht. Zaremba lernte mit der ihm eigenen Auffassungsgabe rasch Tatarisch und Persisch. Über dem Sprachunterricht wurde Zarembas Sprachlehrer Christ. Es war Muhammad Ali, Sohn eines fanatischen persischen Muslim. In der Taufe ließ er sich den Namen Alexander Kasem Beg geben. Aber sonst war die Missionsarbeit knochenhart. Schließlich – nach einem Besuch bei den schwäbischen Siedlern in den Dörfern um Tiflis – gründete Graf Zaremba sein Missionszentrum in der Landschaft Berg-Karabach, in der von Schluchten umgebenen Stadt Shusha. Eine Missionsdruckerei und eine Ausbildungsstätte für armenische Lehrer wurden errichtet. Die eigentlichen Schwierigkeiten jedoch beschrieb Graf Zaremba so: »Oft kommen zehn bis zwanzig Mohammedaner in unser Haus. Sie wollen mit uns über Religion sprechen. Bisweilen schenkt der Heiland mir die Gnade, freimütig mit ihnen über Jesus Christus zu reden: Es ist nicht so, dass es an Gelegenheiten dazu fehlt. Aber es ist einfach bei ihnen nichts zu merken von einem bleibenden, tiefen Eindruck der Wahrheit, die Christus ist. Oft schweigen sie – oder sie disputieren feurig. Auf bloße Wortgefechte jedoch lassen wir uns nicht ein. Wir wollen sie doch für Jesus gewinnen. Es schmerzt mich, dass ich nicht mehr Herzenswärme für sie habe, nicht mehr brennende Liebe zu Jesus, nicht mehr Salbung des Heiligen Geistes, nicht mehr himmlische Ruhe und Milde, nicht mehr Gebet für sie, nicht mehr Hunger nach Beten – kurz, mit einem Wort: Es schmerzt mich, dass ich nicht mehr Gottesgaben und auch nicht mehr Sprachkenntnis besitze!«

Das Jesus-Zeugnis, das Muslime zu Jesus einladen will, muss in viel liebevolle Zuwendung eingebettet sein. Streitgespräche voll von Rechthaberei führen dabei weg vom Ziel. Das hat uns Heutigen Zaremba ins Stammbuch zu schreiben. Uns ist ja heute die Aufgabe des missionarisch werbenden Gesprächs mit Muslimen vor die Haustür gelegt. Wir müssen nicht – wie das vor 170 Jahren für Zaremba und für seine fantasievollen, einsatzbereiten, begabten Mitarbeiter Pfander, Dittrich und Benz nötig war – in wochenlangen Reisen unwegsame Steppen und ausgewaschene Flusstäler durchqueren, Hitze und Durst aushalten – unterwegs zu Fuß oder auf Kamel- oder Maultierrücken. Und dies alles bei unvorstellbaren Entfernungen!

1825 starb der fromme Zar Alexander I. Ein erster Schatten fiel auf so manches, was auf jener Landbrücke zwischen Mittelmeer und Schwarzem Meer, zwischen Kaspischem Meer und Persischem Golf verheißungsvoll ausgesehen hatte. Denn Zar Alexander I. hatte seine Hand über der Missionsarbeit gehalten. Im Unterschied dazu hatte Nikolaus I., Alexanders Bruder und Nachfolger, die Parole ausgegeben: »Ein Volk, eine Sprache, eine Kirche« – nämlich allein und einzig die russisch-orthodoxe Kirche! So kam – nach immer bedrohlicheren Einschnürungen der Missionsarbeit – im Jahr 1835 das endgültige »Aus« für die Missionare. Eine Ausnahmegenehmigung konnte nicht einmal Graf Zaremba trotz all seiner Beziehungen in St. Petersburg erreichen. 1838 verließ er als letzter der Missionsmitarbeiter sein geliebtes Missionszentrum Shusha.

Die Bilder aus jener Zeit zeigen einen vorzeitig gealterten, seelisch und körperlich tief gebeugten Mann. Das war sicher auch eine Folge der schweren Cholera-Erkrankung, die er in Tiflis überstanden hatte. Auf den Fotos ist auch gar nichts mehr zu sehen von der vornehmen Jugendlichkeit, die bei Zaremba bis hinein ins Mannesalter auffallend gewesen war. Doch auch auf den Fotos strahlen die Augen. Aus den Augen sprach Zuversicht – und Liebe. Als einmal Schulkinder in Beuggen gefragt wurden: »Wie ist Liebe?«, da rief spontan ein Mädchen: »Wie Zaremba!«

Neue Herausforderungen

Graf Zaremba war gerade 45 Jahre alt, als er – einem »erstorbenen Weizenkorn« gleichend – das Saatfeld Kaukasus verlassen musste. Er konnte sich doch noch nicht zur Ruhe setzen! Konnte die Basler Comité den Geschwächten noch einmal auf ein neues Missionsgebiet entsenden?

Bevor die manchmal »allmächtig« scheinende Comité eine Lösung für Zaremba gefunden hatte, entdeckte Zaremba selbst eine neue Aufgabe für sich. Sie bestand in Missionsvorträgen und in der Einrichtung von Missionsstunden, wie er sie bereits in St. Petersburg gegründet hatte. Mehr noch als im Kaukasus-Missionsdienst sah Graf Zaremba im Missions-Reisedienst in der Heimat seine eigentliche Berufung. »Ein Edelmann darf kein Stubenhocker sein!«, so hatte der junge Zaremba mahnend aus dem Mund seines Onkels gehört. Als »Sondergesandter« des Königs Jesus wollte Zaremba erst recht kein Stubenhocker sein. Mehr noch als seine adlige Abstammung verstand Graf Zaremba dies als Würde seines Lebens, dass sein König Jesus ihn zu einem Sonderbotschafter berufen hatte.

Es gab damals und es gibt erst recht heute so viel Ablehnung von Mission. Meist heißt es dann (und das nimmt sich so tolerant und den Nächsten liebend aus): »Man soll doch den Hindus und den Muslimen nicht ihren Glauben nehmen!« Erst recht wehrt sich normalerweise jeder Mensch gegen Evangelisation. Man muss sich nur einmal vorstellen, was es für den Jesusjünger Petrus, den Einsatzbereiten und Mutigen, bedeutet haben muss, dass Jesus ihm auf dem Kopf zusagte: »Ich aber habe für dich gebeten, dass dein Glaube nicht aufhöre. Und wenn du dereinst dich bekehrst, so stärke deine Brüder!« (Lukas 22,32) Dass es bei jedem Christen immer wieder einen neuen Impuls zu richtigem Christsein braucht, zu ganzer Treue und Gewissheit, dagegen rebelliert vieles in eigentlich jedem normalen Christen.

Umso wichtiger ist es, erschreckend anschaulich zu hören, wie ehemalige christliche Gebiete heute vom Heidentum überrollt worden sind und wie ehemals lebendige Gemeinden und Kirchen erstarrt sind – so erstarrt, dass sie selbst gar nicht mehr merken, wie leblos sie geworden sind. Es ist in den letzten hundert Jahren so wichtig gewesen, dass in der Nachfolge Zarembas viele

Missions-Reiseprediger deutlich gemacht haben: »Hoppla-Hopp-Bekehrungen haben keinen Wert. Es braucht Generationen, bis sich christliche Gemeinde in ihrem Umfeld spürbar auswirken kann. Es braucht Jahrzehnte, bis sich in einem Christenleben Glaube gepaart hat mit Erfahrung, mit Gehorsam, mit Erkenntnis!«

Auf diesen ernsten und weckenden Ton waren die Missionsvorträge von Graf Zaremba gestimmt, die er im ganzen süddeutschen Raum unermüdlich hielt. Vor allem wurden Zaremba und die nach ihm kommenden Reiseprediger nicht müde, ihre packend-anschaulichen Missionsberichte mit dem einladenden Aufruf zu echter Gemeinschaft mit Jesus zu verbinden.

Die Mission kann deutlich machen: Eine Christenheit hat erst dann ein Recht, sich auf Christus zu berufen, wenn sie angesteckt ist von der Dringlichkeit des einladenden Jesus-Rufes: »Komm, folge mir nach! Kehre um und vertraue dem Evangelium! Verlasse alles, was du hast und folge mir nach!« Diesen Ruf hatte Zaremba einst gehört und befolgt. Nun konnte er ihn auch so dringlich ausrichten, dass immer wieder Pfarrer und Konsistorien ihm den Mund zu verbieten suchten. In Hessen blieben Zaremba alle Kirchen versperrt. In Gotha hieß es: »Es ist zu tadeln, dass man auf der Kanzel der Schlosskirche einen Redner auftreten lässt, der sich erlaubt, zu einem gebildeten, an gutes Predigen gewohnten Publikum zu sprechen wie zu einer unkultivierten russischen Bauerngemeinde!«

Das musste sich Zaremba von einem kleinen Rezensenten in der deutschen Provinz sagen lassen, er, ein Adliger mit erlesener Bildung, ein Doktor der Philosophie, ein erfahrener Diplomat! Zaremba jedoch wusste: Es gilt nicht nur »Die Sach' ist dein, Herr Jesus Christ, die Sach', an der wir stehn«, sondern eben auch: »Die Schmach ist dein, Herr Jesus Christ, die Schmach, die wir mit dir tragen wollen!«

Schließlich hat Felician von Zaremba auch über seinem Reisedienst, gerade in Süddeutschland, erfahren: Jesus belebt als »Lebensborn« scheinbar tote Gemeinden, Christen und Kirchen!

Ein Kutscher, der ihn von einem entlegenen Dorf zur nächsten Bahnstation brachte, sagte nachher begeistert: »Mit diesem Mann würde ich um die ganze Welt reisen!« Während des Vortrages von Zaremba hatte ihn die Liebe dieses Mannes gepackt, die Horizonterweiterung für das immer stärker werdende Reich Jesu hatte ihn erfüllt; er wollte mit dabei sein, mit dazugehören zu solch einer missionarischen Kirche!

Verbunden mit dem leidenden Christus

»Du starbest selbst als Weizenkorn und sankest in das Grab!« Die Gemeinschaft mit den Leiden Jesu hatte Zaremba oft genug am eigenen Leib erlitten. Fast noch beschwerlicher empfand er manches von dem, was schlichte Christen ihm zumuteten. So konnte er es nur schwer ertragen, wenn er öffentlich wegen seiner Sprachenkenntnisse gelobt und bestaunt wurde. Er wollte doch ein schlichter Jünger von Jesus sein, kein angehimmelter Tausendsassa. Noch ärgerlicher konnte der sonst so demütige Graf Zaremba werden, wenn er auf Missionsveranstaltungen gebeten wurde, das Vaterunser in verschiedenen Sprachen herzusagen. »Das königliche Gebet unseres Herrn Jesus taugt doch nicht für Zirkus-Vorführungen!« Eigentlich wollte Zaremba nur solche Gespräche führen, bei denen etwas für die Sache des Herrn Jesus herauskommen konnte. Wenn darum das Gespräch mit anwesenden Freunden mehr äußerliche Dinge berührte, dann schwieg Zaremba – oder er stand brüsk auf und verließ die Gesprächsrunde.

Erst recht beschwerlich war die »Vorbereitung auf die Ewigkeit«, wie Zaremba dies selbst nannte. Sie dauerte mehr als acht Jahre. Nach dem ersten Schlaganfall im Frühjahr 1865, der ihm eine Zeitlang sein Sprachvermögen nahm, folgten immer wieder neue Schlaganfälle. Er konnte seine Stube im Missionshaus, die nach seiner ehemaligen Missionsstation »Shusha« benannt war, nicht mehr verlassen. An Pfingsten des Jahres 1874 ist er dann verstorben.

Sein Vermächtnis an uns Heutige besteht im Wissen: Wir schulden Muslimen die liebevolle Einladung zu Christus Jesus. Denn Gott hat ihnen mit Jesus *mehr* zugedacht als eben einen Beliebigen aus der Reihe der Propheten. Gott hat ihnen einen erbarmenden Erlöser zugedacht. Sein Name, sein »Name voller Seligkeit« ist Jesus: Erbarmer, Retter, Seligmacher!

Im Nachruf des »Heidenboten« war zu lesen: »Eine innige Liebe zu Jesus trieb den polnisch-russischen Grafen, alles zu verlassen, um ganz dem König Jesus dienen zu können. Er ist nun erlöst aus allen Behinderungen und kann nun – wie er es so oft sehnlich erwartet hat – seinem Herrn ungehindert zu neuem, vollem Dienst bereitstehen!«

Sixt Carl von Kapff (1805–1879)

Ein geadelter Bürgerlicher, bei dem der Glaube eine Macht war

Kapff hat Weichen gestellt

Sixt Carl Kapff war Sohn eines Präzeptors (Lehrers) an der Lateinschule in Güglingen/Württemberg. Dort wurde er am 22. Oktober 1805 geboren, mehr tot als lebendig, am ganzen Körper blau – doch ohne eine Spur von »blauem Blut«. Es war ein Wunder, dass der neugeborene Junge am Leben blieb. Noch größer war das Wunder, das Gott aus diesem Menschenleben gestaltete. Bei der Beerdigung im September 1879 sagte eine Stuttgarter Bürgersfrau: »Bei Prälat Kapff haben wir gesehen, dass der Glaube noch eine Macht ist!« Damals ergänzte ein stolzer Güglinger den alten Eintrag im Geburtsregister durch den Zusatz: »Er wurde der geadelte Prälat, der bekannte Stuttgarter Stiftsprediger und Konsistorialrat.« Nach württembergischer Tradition hatte Kapff nämlich als General-Superintendent vom König den persönlichen Adel verliehen bekommen.

Bis zum heutigen Tag wird Kapff und sein Wirken nicht zutreffend gewürdigt. Eine Ausnahme war der Landeshistoriker Professor Dr. Otto Borst. Eines Tages packte er mich am Revers. Dann sprudelte es aus ihm heraus: »Es ist höchste Zeit, dass Prälat Kapff von euch Evangelischen neu entdeckt wird! Er hat noch vor Karl Marx begriffen, dass mit dem Stand des Fabrikarbeiters eine neue Herausforderung auf die Kirche zukommt. Er war überhaupt in vielen Bereichen nüchterner und wacher als die meisten anderen Kirchenführer! Es ist doch erschreckend, dass über Kapff so viel kritisch nachgeschwatzt wird, was einfach nicht stimmt! Er war doch alles andere als ein hyper-konservativer Finsterling. Er war auch kein Herrschaftsanbeter, der den schwäbischen Pietismus zu einer Herrschaftsreligion gemacht hat. Wer genau hinschauen will, wird anderes entdecken!«

Ich habe versucht, genau hinzuschauen. Dabei habe ich entdeckt: Kapff wurde um die Mitte des 19. Jahrhunderts zu einer der ganz herausragenden Gestalten Württembergs, besonders seiner evangelischen Kirche. Wach hat er die Herausforderungen seiner Tage erkannt. Er hat nach sinnvollen Lösungen gesucht. Anders als viele seiner Zeitgenossen sah er dabei die »revolutionären Kräfte« nicht als hilfreiche Bundesgenossen an. Vielmehr erwartete er Veränderungen in Gesellschaft und Kirche von Kräften, die aus Gott kommen müssen. Natürlich kann man manches als naiv belächeln, was Kapff zum Thema »Der glückliche Fabrikarbeiter, seine Würde und Bürde« geschrieben hat. Eine Problemanzeige war es jedoch immerhin. Wer über das schwäbische Andachtsbild »Der breite und der schmale Weg« den Kopf schüttelt, das auf Kapffs Anregungen hin gemalt wurde, der möge doch etwas genauer hinsehen. Denn auf dem »schmalen Weg« ist das meiste von dem dargestellt, was Kapff zusammen mit der Stuttgarter Kaufmannsfrau Charlotte Reihlen auf den Weg gebracht hat: Sonntagsschulen, Rettungshäuser, die Diakonissenanstalt, Jugendunterweisung, Obdachlosenasyle, Alkoholikerfürsorge. Hingegen ist am »breiten Weg« das zu erkennen, was Kapff als »Giftquellen« zu verstopfen suchte: die Tierquälerei, das Glücksspiel, den Krieg, die Sonntagsentheiligung durch Wirtshausbesuch und durch Benutzung der Eisenbahn. Dies alles hat Kapff nicht nur angemahnt, sondern er hat Veränderungen bewirkt. Unter dem Einfluss seiner Predigten in der Stuttgarter Stiftskirche, der Zentralkirche der Stadt und des Landes, gingen Stuttgarter Kaufleute darin voraus, am Sonntag ihre gut gehenden Geschäfte zu schließen. Sie waren bereit, auf sprudelnde Einkünfte zu verzichten, um den Mitarbeitern einen Ruhetag zu ermöglichen. Vor allem aber hat Kapff als Pionier des Gemeindeaufbaus Weichen gestellt, die bis heute noch wegweisend sein können, ja eigentlich wegweisend sein *sollten*.

Stationen des Lebens

Der Vater von Sixt Carl Kapff war ein fähiger Theologe; in vorgerücktem Alter wurde er Dekan von Tuttlingen. Aber in seiner Jugend gab es für ihn keine Gemeindepfarrei. So suchte er sein Auskommen als Hauslehrer, bis er dann in der Güglinger Lateinschule angestellt wurde. Der junge Sixt Carl (übrigens ein Traditionsname in der weitverzweigten württembergischen Familie Kapff) erlebte dann die Umzüge der Familie, zuerst 1809 auf die zweite Pfarrstelle in Knittlingen und dann 1812 auf die angesehene Pfarrei Winterbach im Remstal. Von Winterbach musste der offenbar scheu wirkende »Pfarrersbub« täglich zu Fuß in die Schorndorfer Lateinschule gehen. Ein Winterbacher Weingärtner soll ihm ermutigend zugerufen haben: »Karle, brauch'sch koi Angscht han! Du kannsch emm'r no Prälat werda!«

Das war eher illusionär als realistisch geredet. Denn Kapffs Leistungen waren während des ganzen, für einen schwäbischen Theologen üblichen Ausbildungsgangs eher schwach. Dagegen waren dann überraschenderweise seine theologischen Examina so herausragend, dass er 1830 bis 1833 Repetent (also ein die Studenten begleitender Ausbilder) am traditionsreichen Tübinger Stift wurde.

Während der Ausbildungsjahre, die Sixt Carl in den »niederen Seminaren« und dann im Tübinger Stift verbracht hatte, war sein Vater von der großen Sorge bedrückt, sein Sohn könnte sich »zu tief mit der Pietisterei einlassen«. Denn es war ihm bekannt geworden, dass zu den engsten Freunden seines Sohnes etwa Wilhelm Hofacker gehörte, der jüngere Bruder des württembergischen Erweckungspredigers, und auch Wilhelm Hoffmann, der Sohn des Gründers des »Pietisten-Nestes« Korntal. Die Sorge des Vaters war jedoch vorerst unbegründet. Denn der in jenen Jahren wenig tiefschürfende Sixt Carl war entschlossen, sich »keinem besonderen System zu verschreiben«. Ihm, der sich von romantischen Gefühlen treiben ließ, schwebte etwas ganz Neues vor: Mit den »Ganz-Gläubigen« sollten sich auch »Halb-Gläubige« vereinigen, ja sogar auch Katholiken und Protestanten, um so gemeinsam den »Sieg des wahren Christentums« anzustreben, der dann seinerseits die »Einung der Menschheit« anstoßen könnte.

Eine solche idealistische Vision passte nicht unbedingt zu dem Ruf, der 1833 unerwartet an Kapff ergangen war. Das 1819 gegründete Korntal hatte ihn zu seinem Pfarrer berufen. Dies Korntal war eine vom König als selbstständige religiöse und politische Gemeinde genehmigte Pietistenkolonie vor den Toren von Stuttgart. Kapff sagte zu, obwohl er etwa die dort geübte »religiöse Überfütterung der Jugend« und manches andere als »Einseitigkeiten« bewertete. Er sah sich dazu berufen, diese Brüdergemeinde Korntal aus der von ihm vermuteten geistlichen Engführung zu befreien. Korntal sollte kein »abgestandener religiöser Tümpel ohne Zu- und Abflüsse« bleiben. Vielmehr sollten von Korntal aus gesundmachende Kräfte in das ganze Vaterland hineingehen. Das war sein Programm. Nach und nach merkte jedoch Kapff, dass genau dies auch die Absicht des Korntal-Vorstehers Gottlieb Wilhelm Hoffmann (1771–1846) war.

Im Februar 1833 zog Kapff mit seiner ihm jüngst angetrauten Frau Marie, geb. Kapff, einer entfernten Verwandten, nach Korntal. In den folgenden zehn Jahren der Korntaler Wirksamkeit (1833–1843) wurden dem Ehepaar zwei Söhne und vier Töchter geboren. Als Korntaler Pfarrer half Kapff mit, das Leben der Brüdergemeinde zu konsolidieren. Sie bekam – ohne unnötige Rivalität zur Landeskirche – ein eigenständiges Profil »ächten« (so sagte und schrieb Kapff gerne) Christenlebens, das zugleich Unterschiede in der jeweiligen Frömmigkeitsprägung duldete und achtete. Kapff wirkte weit über Korntal hinaus als Schriftsteller: Es entstanden als Hilfen zu den drei Säulen »schwäbischer Frömmigkeit« Kapffs »Communion-Buch«, sein »Gebetbuch« und als Predigtband das sogenannte »Wilhelmsdorfer Predigtbuch«. Alle drei Veröffentlichungen wurden quer durch Württemberg hoch geschätzte geistliche Hausbücher.

Das königliche Konsistorium war darauf bedacht, dem so bewährten Seelsorger und Prediger einen umfassenderen Wirkungskreis zu verschaffen. 1843 wurde Kapff Dekan von Münsingen, 1847 übernahm er das große und traditionsreiche Dekanat Herrenberg. In beiden Regionen entstanden auf Kapffs Drängen hin nach kurzer Zeit Ortsbibliotheken, Hagelversicherungen, Armenvereine, Missionsvereine, Jünglingsvereine, Kleinkinderschulen. Von Münsingen aus wurde Kapff die religiöse Unterversorgung der Evangelischen im vornehmlich katholisch geprägten neu-württembergischen »Oberland« bewusst. Aus diesem Grund setzte er sich für die Gründung eines württembergischen Zweiges des Gustav-Adolf-Vereins ein.

All diese Innovationen Kapffs machen deutlich: Er konnte und wollte auch nicht zuwarten, bis die längst bestehenden Herausforderungen endlich einmal auch vom Konsistorium beantwortet werden würden. »Consistorium heißt Stillstand«, das war Kapffs Erfahrung. Deshalb bediente er sich – von Jahr zu Jahr souveräner – des Instrumentes des sogenannten »Freien Werkes«. Dies war vereinsmäßig organisiert, deshalb konnte es auch rascher reagieren. Kapff sah darauf, dass in solchen freien Werken vor allem Nichttheologen Verantwortung trügen. Er hatte den Rat seines väterlichen Korntaler Freundes Hoffmann im Ohr: »Willst du ein Werk gründen und willst zugleich, dass nichts daraus werde, so musst du zwei oder drei Theologen in das Komitee nehmen!«

Kapff sah es als Aufgabe von Christen an, auch Verantwortung in den politischen Gremien zu übernehmen. Er selbst ließ sich von Herrenberg aus in eine der »revidierenden Kammern« wählen. Jedoch merkte er selbst, dass das politische Geschäft nicht seine Gabe und darum auch nicht sein Metier war.

1850 wurde der damals 45-jährige Kapff zum Prälaten und Generalsuperintendenten von Reutlingen (mit Sitz in Stuttgart) berufen. Damit trat Kapff in den Bereich der damals schon aus den mittelalterlichen Nähten platzenden Residenzstadt ein. In diesem damals fast ausschließlich »evangelischen« Stuttgart war Kapff in seinem Element. Das Prälatenamt lag ihm lange nicht so sehr wie das Amt als Prediger, Seelsorger und als freier Impulsgeber. Kapff schrieb an Freunde: »Seid froh, dass ihr Pfarrer seid und nicht Prälaten … Was mich drückt, ist die Last der Sorgen und der tiefe Schmerz über den Verfall der Kirche.« So ist es zu verstehen, dass Kapff schon nach zwei Jahren das Prälatenamt abgab; er behielt jedoch das ihn in seiner bischöflichen Würde kennzeichnende Prälaten-Amtskreuz, auch den ihm verliehenen persönlichen Adel und vor allem den Titel »Prälat«. Als eigentliche Lebenserfüllung übernahm er es für die darauffolgenden 27 Jahre, Pfarrer an der

Stuttgarter Stiftskirche und damit leitender Seelsorger an der Zentralgemeinde Württembergs zu sein. Mit der Führung dieses Amtes hat sich Kapff in das Herz und in das Gewissen Württembergs eingeprägt.

Ein Pionier des Gemeindeaufbaus

Als Stuttgarter Stiftskirchenpfarrer sah Kapff seine Hauptaufgabe darin, Modelle des Gemeindeaufbaus zu schaffen. Allergrößten Wert legte er dabei auf Hausbesuche des Pfarrers. Er selbst hatte jährlich ungefähr 3000 häusliche Kontakte. Meist waren es Kurzbesuche bei Alten, Einsamen und Kranken, die er vor allem am Nachmittag machte. Wenn Kapff von Haus zu Haus unterwegs war, wollte er nicht gegrüßt werden. Denn dann bewegte er das betend vor Gott, was er in den Häusern gesehen und gehört hatte.

Er wollte »hinter die Glastüren« der Wohnungen kommen. Er wollte wissen, was den Menschen wirklich auf den Nägeln brennt. Daraus entstanden seine Aktionen: Er sorgte für die ersten Kinderkrippen in Stuttgart; das Netz der Kleinkinderschulen in privat organisierter christlicher Trägerschaft wurde auf- und ausgebaut; das private Weidlesche Töchterinstitut wurde erweitert zu einer allgemeinen höheren Bildungsanstalt für Mädchen; für die unversorgten Kranken und Alten gründete Kapff zusammen mit Charlotte Reihlen die Stuttgarter Diakonissenanstalt. Quer durch die wachsende Großstadt gründete Kapff »Sonntagsschulen«, mit denen er den Gliedern der durch ihn geförderten Jünglingsvereine ein weites Betätigungsfeld verschaffte.

Kapff hatte schon zu seinen Zeiten erkannt, dass die Idee der »Nachwuchskirche« nicht mehr »funktionierte«; denn wo die Eltern dem Glauben entfremdet sind, kann kein Glaube an die nächste Generation weitergereicht werden. Kapff setzte darum auf Glaubensimpulse für die heranwachsende Generation. Neben den »Sonntagsschulen« war ihm wichtig, die schulische religiöse

Unterweisung zu verbessern. Er selbst wollte damit vorangehen. Darum erteilte er selbst bis ins hohe Alter hinein Religionsunterricht. Um junge Menschen zu sammeln, baute er den schon bestehenden Stuttgarter Jünglingsverein aus, komplettierte dessen Angebot durch die Gründung des »neuen Jünglingsvereines«, des späteren CVJM. Als »Parallelstruktur« zu alledem rief er den »Stuttgarter Jugendverein« ins Leben, der Träger von Lehrlingsheimen und Lehrlingsarbeit ebenso war wie eines breiten kulturell-musischen Programms. Schon Jahrzehnte vor anderen Großstädten gab es in Stuttgart das von Kapff geforderte besondere Jugendpfarramt.

Es war die Einsamkeit der in die Großstadt gespülten jungen Männer, die Kapff zu seinen Initiativen bewegte. Denn wer es damals als Uhrmacher, als Apotheker, als Kaufmann zu etwas bringen wollte, der musste zur Ausbildung in die Residenzstadt; junge Mädchen wurden erst später dem bergenden Schoß der Familie entzogen. In der Stadt waren die jungen Männer ohne jeden Familienanschluss oder ähnlichen sozialen Kontakt in irgendeiner Mansarde untergebracht. Im Gedanken an diese einsamen jungen Leute war es Kapff wichtig, auf all ihre sozialen, beruflichen, körperlichen und geistigen Bedürfnisse hilfreich einzugehen, ohne dabei das erste Ziel aus dem Auge zu verlieren, nämlich dass junge Menschen zu einem lebendigen Glauben an Jesus kommen sollen. Viele der jungen Menschen, die von Kapffs Initiativen geprägt worden waren, haben später diese Ideen multiplizierend in ihre zukünftigen Lebenskreise und Wohnorte hineingetragen.

Bei alldem war Kapff ständig bewusst: Jede menschliche und auch christliche Gemeinschaftsform hat nach kürzester Zeit ihren besonderen »Stallgeruch«. Jeder Kreis, auch wenn er sich als »offen« verstehen möchte, wird automatisch zum »geschlossenen Zirkel«. Aus diesem Grund war Kapff darauf aus, dass immer eine breite Palette von verschiedenen Formen und Prägungen als Angebot bereitsteht, die jedoch als Gemeinsames den christlichen Glauben hat.

Kapff selbst hielt engen Kontakt zu den bestehenden pietistischen »Stunden« Stuttgarts. Sie ermutigte er, ihre Hauptaufgabe in der Vertiefung des biblischen Glaubens zu behalten. Jedoch sollten diese »Stunden« sekundiert und komplettiert werden durch ein Netzwerk kleinerer Zusammenkünfte. Er selbst richtete eine Nachmittagszusammenkunft für Hausfrauen ein, was damals ein absolutes Novum war. All diese Kreise und Gruppen sollten jedoch – ebenso wie die Fülle der missionarischen, sozialen und diakonischen Vereine und ihrer Gremien – im sonntäglichen Zentralgottesdienst ihre »Hauptversammlung« haben.

Für eine solche »Hauptversammlung« war der von ihm 27 Jahre lang geprägte Stiftskirchengottesdienst beispielhaft. Wenn Kapff – meist vor zwei- bis dreitausend Menschen – predigte, dann kreiste seine Verkündigung meist um das Gebet; denn er war davon überzeugt, dass jeder Mensch sich danach sehnt, wieder recht beten und so in Verbindung mit Gott treten zu können. Solche Menschen wollte er »heranführen an das Heiligtum«. Seinen pietistischen Freunden kam dies sicher oft etwas ungenügend vor. Sie waren von Ludwig Hofackers Verkündigung geprägt. Der hatte dazu aufgerufen, »herunterzusteigen von den hohen Türmen der Religiosität, um sich selbst vor Gott in seiner ganzen Armut zu erkennen«. Kapff hingegen ging es missionarisch-gewinnend um die »Erhebung des Herzens zu ihm, der uns ein offener Himmel ist«.

Kapff wollte Menschen »gewinnen«. Auch in die Pfarrerschaft wollte er hineinwirken. Deshalb öffnete er die etwas armselig gewordene »Stuttgarter Predigerkonferenz« zur einflussreichen »Prediger- und Missionskonferenz«, in der Pfarrer und Laien gemeinsam Anregungen bekommen sollten. Vor allem machte Kapff endlich für die evangelische Kirche fruchtbar, was in der katholischen Kirche mit ihren Ordensfrauen seit Jahrhunderten selbstverständlich war, nämlich dass die Frau als geistliche Bewegerin ganz besondere Gaben und auch Erfahrungen einzubringen hat. Darum hielt Kapff an der intensiven Arbeitsgemeinschaft mit der unternehmerischen Kaufmannsfrau Charlotte Reihlen ebenso fest wie an dem ihnen gemeinsamen Plan, mit den Diakonissen so etwas wie evangelische Ordensfrauen zu bekommen.

Geistliche Durchdringung der Volkskirche – darum ging es Sixt Carl von Kapff. Denn eine Kirche ohne lebendige Gemeinden ist ein Behördenapparat, der – ohne eigentliches Leben aus Gott – am staatlichen Tropf hängend weiterexistiert. Kirche sollte aber so voll »ächtem Leben« sein, dass sie Heilungskräfte in eine sich total wandelnde Gesellschaft hineingeben kann, auch wenn diese sich immer mehr dem Gottesdienstbesuch, dem Bibelgebrauch und auch christlichem Lebensstil entfremden sollte.

Wachheit für die Gesamtkirche

Vom kirchlichen Behördenapparat hielt Kapff nicht viel, erst recht nicht von übermäßiger Beschäftigung mit Verfassungs- und Strukturfragen. Als sich damals manche Hoffnung regte, demokratisch gewählte Gremien könnten mehr Bewegung in die erstarrte Kirche bringen, da schrieb Kapff: »Ungleichartige Massen helfen nicht zur Entwirrung, sondern sie sorgen für Verwirrung.«

Umso wichtiger war es Kapff, über die Grenzen Württembergs hinaus Kontakte mit Christen anderer Prägungen zu pflegen. Viel hielt er von dem Kontaktnetz der Evangelischen Allianz; für eine Abhandlung über das Wesen der 1844 gegründeten Evangelischen Allianz hatte Sixt Carl Kapff die theologische Ehrendoktorwürde der Universität Göttingen erhalten. Die von »freien Werken« verantwortete Weltmission unterstützte Kapff, wo er nur konnte; von einem für Weltmission geöffneten Horizont erhoffte er belebende Impulse für die eigene Kirche.

Denn um die eigene evangelische Kirche sorgte er sich. Als »unverantwortlichen Blütenfrevel« sah er an, dass junge Menschen schon im 14. Lebensjahr das Konfirmationsgelübde ablegen sollten. Vor allem sollten jedoch künftige Pfarrer sich schon rechtzeitig darüber klar werden, ob sie denn wirklich einen Ruf Gottes für diese Aufgabe haben. Die Gemeindepfarrer sollten die

Wochenbibelstunden nicht einschlafen lassen, denn damit würden sie sich selbst und ihrem eigenen geistlichen Leben schaden. Die Kirchengemeinden sollten mehr Möglichkeiten haben, Einspruch gegen einen ihnen zugewiesenen Pfarrer zu erheben.

Über diese Einzelanliegen hinaus ging es Kapff um mehr. Er beklagte einen »allgemeinen Verfall der Kirche«. Es gebe ganz offenkundig ein »Übergewicht ungöttlicher und widergöttlicher Elemente über die Gottergebenen«. Aber »wir können die Massen der Unbekehrten nicht aus der Kirche hinausweisen. Wir können auch unbekehrte Pfarrer, deren es zu allen Zeiten viele in der Kirche gab, nicht bekehrt machen!« Dieser beklagenswerte Zustand gehöre nun einmal zur Wirklichkeit der organisierten Kirche, so wie das Leiden zum Leben von Jesus gehört habe. Vielleicht könnten diese »Trübsale« dazu betragen, dass die Christenheit aus allerlei Verweltlichungen wieder zurückfindet zum ganzen Ernst und zur ganzen Tiefe »ächten Glaubens«.

Solches Zurückfinden sei jedoch so lange erschwert, wie man alle, die es ernst mit der Bibel und mit dem Glauben meinen, mit dem hasserfüllten Prädikat der »Pietisterei« abstemple. Es sei doch im Vergleich zu anderen Religionen »beispiellos«, dass »man Genossen der gleichen Religion hasst, denen die Religion Herzenssache ist«. So stellte sich Kapff, der doch selbst kein »Pietist« sein wollte und der auch in seiner Verkündigung andere Akzente als die Pietisten setzte, schützend vor die pietistischen Mitchristen. Denn es ging ihm eben um den »ächten Glauben«, der mehr ist als ein Namenschristentum.

Kapff dankte es den Pietisten, dass sie in stürmischen Zeiten seinen Ruf gehört hatten, nicht aus der Kirche auszuwandern, um eigene »freie Gemeinden« zu gründen. Er schätzte es an den Pietisten, dass sie sich nicht von Stimmen hatten betören lassen, die schwärmerisch von Massenbekehrungen träumten, sobald man nur das sinkende Schiff der Kirche verlassen haben würde. Die Pietisten wiederum dankten es Kapff, dass er begriffen und bezeugt hatte: Ihnen geht es »um die Tiefe und den Ernst ächten Glaubens«, nicht um pharisäische Überheblichkeit, erst recht nicht um eine kirchliche Alleinherrschaft des Pietismus! Die Pietisten dankten es Kapff, dass er seine Stimme dafür erhoben hatte, dass Bekenntnis, Lehre und Ordnung der Kirche nicht verwässert werden. Mit diesem allem hatte Sixt Carl von Kapff das ehemalige Anliegen des württembergischen Pietismus-Reskriptes neu belebt. (Mit dem Pietismus-Reskript von 1743 war den pietistischen Gemeinschaften ein bestimmter Freiraum in der Landeskirche zugestanden worden.) Aufs Neue hat er den Pietismus Württembergs dazu aufgerufen, dem Gemeinsamen in der Kirche zu dienen. Er hat dafür gesorgt, dass die Loyalität des schwäbischen Pietismus zur Landeskirche so gefestigt wurde, dass sie sogar den Zusammenbruch des Staatskirchentums im Jahr 1918 überdauerte.

Das war Kapff

Prälat Dr. Sixt Carl Kapff hat als Stuttgarter Stiftskirchenpfarrer bis in seine letzten Lebensmonate hinein gewirkt: Er hat eine große Konfirmandengruppe noch zur Konfirmation geleitet, eine 25-köpfige Diakonissenschar eingesegnet, Gottesdienste, Taufen und Beerdigungen gehalten. Aber ab Februar 1879 wurde offen erkennbar, dass ein Leberleiden den sonst immer so Dynamischen stark behinderte. Auch Erholungsreisen und Kuraufenthalte konnten den körperlichen Verfall nicht aufhalten. Am 1. September 1879 starb der »treue Beter und Kämpfer« (so Prälat Karl Gerok in seiner Beerdigungsansprache am 3. September auf dem Stuttgarter Fangelsbachfriedhof).

Kapff lebte bewusst vor Gott. Er lebte glaubhaft mit Gott. Das galt für ihn schon damals, als er junger Repetent am Tübinger Stift war. Wenn er am Fenster zu sehen war, jedoch die Grüße der Vorübergehenden nicht erwiderte, sagten die Stiftler belustigt: »Jetzt betet er eben wieder!«

In einer seiner Predigten sprach Kapff davon, dass es die seltene Würde eines Menschen sei, wenn er jederzeit Zugang zum

König habe. Erst recht gelte das für die Würde der Christen. Sie müssten nicht erst lange um Audienz beim König aller Könige nachsuchen. Vielmehr sei es ihr Adel, dass sie jederzeit Zugang hätten zu Jesus.

Der stündlich geöffnete und auch wahrgenommene Zugang zu Jesus war für Kapff die Quelle seiner besonderen Kraft und Ausstrahlung. Man konnte bei ihm sehen, dass der Glaube eine Macht ist.

Lord Radstock (1833–1913)

Granville Augustus William Waldegrave,
3. Baron Radstock, und seine Liebe zu Jesus

Mit Jesus leben

Adlig war der junge Engländer, der als Granville Augustus William Waldegrave am 2. April 1833 geboren wurde. Zurück bis zu Wilhelm dem Eroberer lässt sich die Adelsfamilie der Waldegraves verfolgen. Mütterlicherseits hatte er sogar Hugenottenblut geerbt. Seine Großmutter unterstützte viele der damals neu aufgebrochenen Missionsunternehmungen. Dem heranwachsenden Enkel erzählte sie manches von dem, was Jesus in Indien wirkte. Auch lag ihr besonders das Russische Reich bis hin nach Sibirien am Herzen, dieses so ferne, weite Land! Als reiche Frau linderte sie manche Not von Armen in London und in Irland. Nächte brachte sie in Gefängnissen zu, um an Verurteilten Seelsorge zu üben. Von ihr lernte der Enkel, dass sich der Christenglaube nicht in rein formaler Kirchenzugehörigkeit erschöpfen darf. Wer sich Christ nennt, sollte Christus wirklich angehören und zusammen mit ihm wirken wollen!

Die Elite-Privatschule Harrow durchlief der junge Adlige mit Bravour. Schon als Sechzehnjähriger bezog er das College in Oxford. Akademische Grade erwarb er sich in den Naturwissenschaften und in Geschichte. Danach trat er in die Offizierslaufbahn ein. Bis heute wird in England erwähnt, dass er die militärische Freiwilligen-Einheit der West Middlesex Rifles aufgebaut und bis 1866 kommandiert hat. Sein exerzierendes Bataillon und auch der auf einem Dienstpferd sitzende Waldegrave schienen damals zum Hydepark zu gehören. Der Herzog von Cambridge, sein kommandierender General, sagte einmal anerkennend: »Das schafft eben nur Waldegrave, ohne jedes Problem zur Parade zwanzigtausend Männer in den und dann auch wieder aus dem Hydepark zu bringen!«

Nach dem Tod seines Vaters ererbte Granville Waldegrave als 23-Jähriger den Titel als 3rd (dritter) Baron Radstock. Zwei Jahre später verheiratete er sich mit Susan, einer gleichaltrigen Dame aus höchsten Adelskreisen. Von ihr hatte Missionar Dr. David Livingstone gerühmt: »Ich kenne sie persönlich. Sie ist durch und durch gut, so wie sie auch um und um schön ist.« Sie war alles andere als eine snobistische Lady, sie war eine Seelsorgerin von hohen Graden und wurde dem jungen Lord zu einer Glaubensgehilfin.

Eigentlich war für den jungen Baron eine kometenähnliche Karriere als Diplomat oder als Offizier vorherbestimmt. Vorfahren und Verwandte hatten dem aufstrebenden Britannien als Admirale, als Generale und als Mitglieder des Parlamentes gedient und dabei englische Geschichte geprägt. Doch dann hatte Gott in das Leben des englischen Adligen eingegriffen. Gegen Ende des schauerlichen Kriegsgemetzels auf der Krim hatte sich Lord Radstock dort eine schwere Fieberinfektion geholt. Die Ärzte hatten ihn aufgegeben. Lord Radstock bekannte später: »Meine letzte Stunde war gekommen, aber ich war dafür nicht bereit!« In jener Verzweiflung wachte jedoch auf, was ihn einst die Großmutter und die Mutter betend gelehrt hatten.

Zur großen Überraschung der Ärzte genas der Todeskandidat dann doch noch einmal. Noch größer jedoch war die Überraschung der Freunde, als sie erkannten: »Das ist ja gar nicht mehr der alte Waldegrave!« Zwar vollzog sich die eigentliche Wende hin zum überzeugten Christen nur nach und nach. Aber am Ende stand das ernstliche Verlangen: »Ich möchte echt zu Jesus kommen, ich möchte wirklich Jesus lieben, ich möchte ehrlich mit Jesus leben!« Dabei wurden ihm Brüder der darbystischen »Versammlung« entscheidende Helfer. Sie lehrten ihn, wie geistliches Leben aussehen muss. Vor allem halfen sie ihm, die Kraft des biblischen Wortes zu entdecken. So war es auch damals, als Lord Radstock bei einem seiner ersten Besuche in einem Krankenasyl etwas hilflos am Sterbebett eines Spaniers stand. Der Kranke verstand kein Englisch und Radstock konnte keine Silbe Spanisch. Da besorgte er sich ein Neues Testament in spanischer Sprache. Dann ließ er sich zwei Jesusworte in Spanisch vorsprechen und übte sich darin, diese Sätze nachzusprechen. Als er dann dem Sterbenden diese Sätze sagte, ging ein Leuchten über das vom Krebs entstellte Gesicht. Seitdem wusste Lord Radstock, dass er dem biblischen Wort, vor allem aber den Worten des Christus Jesus, ungeahnt viel zutrauen kann.

Radstocks neue Freunde unter den »Offenen Brüdern«, also unter den gemäßigten Darbysten, setzten große Hoffnungen in ihn. Er sollte versuchen, Standesgenossen unter den Adligen Englands in Bibelzellen zu sammeln. Aber das schlug fehl. Die englischen Adligen belächelten den »spleenigen« Außenseiter. Als er angefangen hatte, in den Slums des Londoner East Ends Freiluftgottesdienste abzuhalten, hieß es bei Vertretern der Oberschicht: »So etwas tut man doch nicht!« Es blieb jedoch nicht einmal bei Gottesdiensten. Denn Radstock entdeckte dort in jenen Slums so viel grenzenlose Not, dass er sein eigenes Vermögen opferte, um so viel wie nur möglich zu helfen. Auch bettelte er in den Adelshäusern des luxuriösen Londoner Westends um Gaben, mit denen er dann Asyle und Wohnheime für arbeitslose Männer und für alleinstehende Frauen aufbaute. Er schuf Aufenthaltsräume und Wärmstuben, ja sogar Elementarschulen für Straßenkinder. Radstock wurde in seiner Person und mit seinem Wirken das einzige Bindeglied zwischen den beiden getrennten Welten des reichen Londoner Westens und des heruntergekommenen Londoner Ostens. Das alles war kein spleeniges Hobby. Vielmehr wusste der Adlige sich dafür von Jesus in Dienst genommen.

Dass er bei den Aristokraten wie ein Ausgestoßener behandelt wurde, schmerzte Radstock nicht besonders. Weh tat ihm jedoch, dass die offizielle Kirche ihn so völlig alleinließ bei seinen Aktivitäten für die Ärmsten der Armen. War denn diese imposante anglikanische Staatskirche noch mit dem wirklichen Christus verbunden? Aus ihr auszutreten, war für Lord Radstock kein Thema. Vielmehr wollte er verändernd in sie hineinwirken, so wie er auch in andere christliche Kirchen und Gruppen hineinwirken wollte.

Sogar die damals neu gegründete Evangelische Allianz schien ihm viel zu zahm zu sein. Gelegentliche Allianz-Begegnungen zwischen Christen verschiedener Denominationen hielt er für etwas so Selbstverständliches, dass man dies nicht als etwas ganz

Besonderes herausstellen sollte. Der zum Offizier Geschulte vermisste bei der Evangelischen Allianz den Willen zur Offensive. Nach seiner Überzeugung sollte sie viel aggressiver im Werben für den Glauben an Jesus sein.

Dahinter steckte bei Lord Radstock jedoch wesentlich mehr als eben militärischer Angriffsgeist. Jesus hatte sich dem englischen Lord zu erkennen gegeben. Er hatte Jesus in seiner ganzen Einzigartigkeit verstanden. Darum war dies seine »Theologie«: Christus ist der Erlöser für jeden Menschen, er ist der Heiland für gestörte Beziehungen, er ist der Erneuerer einer bis in die Tiefen verstörten Gesellschaft, er ist der wahre Erneuerer von Kirchen, ja, er ist der Retter der Menschheit! Es ist ein Adel, mit ihm leben und ihm dienen zu dürfen! Genau diese schlichte und doch revolutionäre Schau war es, die wie eine gute Saat in das Ackerfeld der russischen Hauptstadt fallen sollte.

Nach Russland berufen

Lord Radstock ließ sich als Laien-Evangelist in den Jahren zwischen 1860 und 1870 in viele europäische Länder, ja sogar nach Indien rufen. Vor allem waren es immer wieder Christengruppen in Paris, die Lord Radstocks Dienste wünschten. Aber auch Kreise in der Schweiz, in Holland und in Schweden begehrten seine Verkündigung.

Er selbst fühlte sich vor allem in der Schuld Russlands. Als junger Offizier hatte er gegen Ende des Krimkrieges (1853–1856) die blutgetränkten Schlachtfelder um Sewastopol kennen gelernt. Dort war das mächtige Russische Reich durch die englischen und französischen Expeditionskorps vor aller Welt heillos gedemütigt worden. Zehntausende von Soldaten beider Seiten hatten auf den Schlachtfeldern ihr Leben gelassen.

Schon 1855 war in Granville Waldegrave dies als Sehnen aufgebrochen: »Ich möchte etwas zur Versöhnung zwischen unseren Nationen tun!« Dies Sehnen hatte ihn nie mehr losgelassen. Es wurde erst recht stark, nachdem er so oft zu geistlichen Vorträgen in fremde Länder eingeladen worden war. Waren denn nicht die versehrten Seelen der russischen Oberschicht wie ein Brachland, das dazu herausforderte, bearbeitet zu werden? Doch – wer sollte, wer konnte ihn nach St. Petersburg einladen? Und wie sollte er, der doch kein Wort Russisch sprechen konnte, dort seine *message* überbringen?

Diese Probleme waren gelöst, als Lord Radstock zu Beginn der Karwoche des Jahres 1874 in der russischen Hauptstadt ankam. Dafür hatte Jesus geradezu wunderbar gesorgt. Er hatte dazu die Dienste benutzt, die Radstock regelmäßig in Paris tat. Bei ihnen war es unerwartet zu Einladungen nach Russland gekommen. Denn vermögende Petersburger pflegten dem strengen russischen Winter zu entfliehen, um ganze Monate in Villen an der Mittelmeerküste und auch in den herrschaftlichen Zirkeln von Paris zu verbringen. In nicht wenige der dortigen Damen-Teegesellschaften wurde auch gelegentlich Lord Radstock eingeladen. Er galt als ungewöhnliche Persönlichkeit, als ein Weltbürger und als ein Freund Russlands, der das Russische Reich davor bewahren wollte, sich in die Strudel von Nihilismus und von Revolution hineintreiben zu lassen.

Bei solchen Anlässen ging Lord Radstock mit liebenswürdigem Gesicht auf einzelne russische Damen zu, um sie ganz direkt mit einer Stimme voll von Anteilnahme zu fragen: »Haben Sie schon einmal ernsthaft für Ihr Heimatland gebetet?« Diesen Satz brachte er in perfektem Französisch über die Lippen, ebenso auch die andere Fragen: »Lieben Sie Jesus?« – »Sind Sie erlöst?« – Meist holte dann der englische Adlige seine viel benutzte Bibel aus der Fracktasche. Er bat dann die Gesprächspartnerinnen, auch ihren Namen auf die schon mit anderen Namen dicht beschriebenen Vorsatzseiten zu setzen; denn dies seien die Namen derer, die sich verpflichtet hätten, täglich für Russland zu beten. Es machte großen Eindruck, dass da ein englischer Lord, ein ehemaliger Offizier aus den Reihen der ehemaligen Feinde Russlands, nun so voll Sorge um Russland war.

Es war dann die Gattin des russischen Generals Tschertkow, die die erste Einladung nach St. Petersburg aussprach. Ihr waren in kürzestem Abstand zwei Söhne verstorben. In ihrem Leid hatte sie in Radstocks Seelsorge hilfreichen Trost erhalten. Auch eine russische Großfürstin ließ ihn wissen, obwohl ihr zuerst das Auftreten des englischen Laienpredigers abstoßend vorgekommen war: »Mein Haus in St. Petersburg steht Ihnen immer offen – auch zum Abhalten von religiösen Treffen!«

Im Frühjahr 1874 war also für Lord Radstock die von ihm so lange ersehnte Stunde gekommen. Dass seine Mutter im Sterben lag, konnte ihn nicht zurückhalten. Den Verpflichtungen durch seine Familie wehrte er mit dem Wort seines Königs Jesus: »Wer seine Hand an den Pflug legt und sieht zurück, der ist nicht geschickt zum Reich Gottes!« (Lukas 9,62)

In St. Petersburg hielt Lord Radstock täglich Bibel-Besprechungen. Zuerst fanden sie nachmittags statt, und zwar in der deutschen lutherischen Kirche, später dann in der anglo-amerikanischen Kapelle, um die Staatskirche nicht zu brüskieren. Denn diese russisch-orthodoxe Kirche hatte Privatgottesdienste ebenso verbieten lassen wie die Predigt von Nicht-Ordinierten. Allerdings hatten diese Bibelgespräche bald solchen Zulauf, dass ein breiteres Angebot nötig wurde. So fanden Hausbibelstunden in den Adelspalästen der baltischen Fürstinnen von Lieven und von Gagarin statt, auch in den Palästen des Grafen Korff, des Ober-Zeremonienmeisters am Zarenhof, des Verkehrsministers Bobrinskij und des reichen Garde-Obersten Paschkow. Radstock war zu diesen *meeetings* und zu den seelsorgerlichen Einzelgesprächen, die sich aus diesen Bibel-Zusammenkünften ergaben, täglich zehn, manchmal sogar bis zu 15 Stunden im Einsatz.

Wenn der englische Verkündiger, der immer zu Fuß unterwegs war, Bibelteile an Passanten verteilte, ließ er sich gerne in Gespräche verwickeln. Darum kam er meist etwas verspätet zu den Versammlungen, in denen auch Musik eine Rolle spielte. Um ein Harmonium herum stand eine Schar junger Mädchen, meist aus Adelshäusern. Sie sangen aus dem Englischen übersetzte Evangeliumslieder. Radstock trat im gewöhnlichen Straßenanzug auf. Zuerst nahm er sich Zeit für ein stilles Gebet. Die Anwesenden beendeten ihr Tuscheln. Dann las Radstock einen Bibelabschnitt. Einige Sätze oder Begriffe aus dem Gelesenen nahm er zum Anlass zu kurzen Erklärungen – oder auch zu weit ausholenden Ausflügen hinein in die Fülle der biblischen Wahrheit. Fräulein von Peuker, die »Seele« der damaligen Petersburger Erweckungsbewegung, übersetzte aus dem Englischen ins Russische oder in das in der Petersburger Oberschicht üblicherweise gesprochene Französisch. Radstocks Beiträge waren nie vorbereitet. Alles war spontan. Deshalb gab es auch Wiederholungen und häufige Gedankensprünge. Immer wieder kam der aristokratische Verkündiger auf sein Hauptanliegen: Die Gnade Gottes muss nicht erarbeitet werden! Sie ist vielmehr jedem Sünder angeboten, seitdem Jesus für die Sünden der Welt gestorben ist. Bei Jesus kann es Gewissheit des Heils geben für alle, die sie haben wollen. »Komm doch zu Jesus!«, das war Radstocks immer wiederkehrender Ruf. Mit einem Gebet, mit einem Evangeliumslied und mit einer Einladung zu persönlicher Aussprache wurden die Zusammenkünfte abgeschlossen. Bei allem wurde Radstocks Stimme nie laut. Vielmehr trug er alles, was er zu sagen hatte, in einem normalen, jedoch eindringlichen und warmen Gesprächston vor, der manchmal sogar zu einem Flüstern absank.

Trotzdem kam das Anliegen des ungewöhnlichen Verkündigers »rüber«. Sicher spielte dabei auch eine Rolle, dass es Eindruck machte, dass Radstock auf eigene Kosten nach Russland gekommen war und dass er auch nie um ein Opfer für sich und für seine Unkosten bat; überhaupt bat er keinen der meist einflussreichen Zuhörer um irgendeinen Gefallen. Eine Rolle spielte sicher auch, dass er lebte, was er sagte, dass er in seinen Ausführungen gar nie irgendwelche Personen oder Institutionen angriff, am wenigsten die Kirche – und dass er offensichtlich für seine Anliegen »brannte«. Dies alles war gewiss nicht nebensächlich. Aber das alles kann nicht erklären, weshalb das Reden des Lords, das doch allen Stilgesetzen der Rhetorik spottete, so nachhaltig auf viele Menschen wirkte. Es bleibt allein diese eine Erklärung: Der lebendige Jesus machte die Worte des englischen Adligen zu seinem eigenen schöpferischen Wort. Das war es, was damals in St. Petersburg Menschen bis tief in ihr Wesen hinein ergriff und umgestaltete.

Nicht nur die höhere Gesellschaft im Blick

Mit dem Titel »Der Apostel der höheren Gesellschaft« war ein Zeitungsartikel überschrieben, der kritisch über Radstock berichtete. Zwar hatte der englische Edelmann immer wieder versucht, auch auf den Straßen von St. Petersburg Menschen zu erreichen. Aber bei den meisten von ihnen sprang kein Funke über. Viele sagten: »Er ist sicher ein guter Kerl. Dass er es recht meint, das sieht man schon seinen Augen an. Aber wir können einfach nicht verstehen, was er uns sagen möchte!«

Erst im späteren Verlauf des durch Radstock ausgelösten Erweckungsaufbruchs gelang es, auch die Schichten der einfachen Bevölkerung zu erreichen. So wurde einmal die Fürstin Lieven von Graf Korff gefragt, als der in den Malachitsaal des Palais Lieven trat: »Was ist denn passiert, dass es hier so ungewöhnlich, ja sogar so streng riecht?« Die Fürstin antwortete: »Bis vor einer halben Stunde hatten wir hier eine Bibel-Besprechung für Droschkenkutscher.«

Vor allem war es der ehemalige Garde-Oberst von Paschkow, der in den Sälen seines weitläufigen Palastes an der Newa Abend für Abend Erweckungsversammlungen beherbergte. In besonderer Weise waren sie offen für Bürger und für Handwerker. Normalerweise kamen an jedem Abend bis zu 700 Teilnehmer zu diesen Abendtreffen.

Paschkow war es auch, der den Erweckungsimpuls in eine ganze Reihe von sozialen Projekten hineinmünden ließ, angefangen von der Gefangenen-Seelsorge bis hin zu Suppenküchen und Kleider-Verteilaktionen. Aber dies alles geschah erst als Folge von

Radstocks Aufenthalten in St. Petersburg, der nach 1874 sich noch mehrere Male zwischen 1875 und 1876 und dann abschließend noch einmal im Jahr 1878 in der russischen Hauptstadt aufgehalten hatte. Danach wurden dem Lord weitere Russlandbesuche durch die Regierung untersagt. Jedoch auch ohne Radstock erwies sich die Erweckung nicht nur als lebensfähig, sondern sie bewährte sich auch in dem phantasievollen, opferbereiten und dynamischen sozialen Aufbruch hin zu den Armen und Unterprivilegierten.

Radstocks Wirken war also ohne sein Zutun eingegrenzt auf die »oberen Zehntausend«. Vermutlich kam gerade bei ihnen, bei den russischen Baronen, Hofdamen, Gräfinnen, Prinzen und Generalen die Botschaft Radstocks so besonders an, weil sie nicht hochtheologisch abgesichert war. Die damalige russische Oberschicht hatte genug von strohernen philosophischen Gedankengebäuden. Sie war nicht daran interessiert, was Darwin gegen die Bibel einzuwenden hatte. Sie hatte auch die formelhafte Routine der weithin unverständlichen orthodoxen Messgottesdienste einfach satt. Ein russischer General formulierte es einmal so: »Radstock ist nichts anderes als ein Telefondraht, durch den Gott selbst Nachrichten gibt, die wir mitten in unserer ganzen Enttäuschung brauchen. Unsere Priester wirken wie Beamte, Radstock jedoch ist wie brennendes Feuer!«

1878 hatten Radstocks orthodoxe Gegner insgesamt 40 Adelspaläste ausgespäht und lokalisiert, in denen regelmäßig Bibel- und Gebetszusammenkünfte stattfanden. Der Erzpriester Butkevich empörte sich besonders darüber, »dass man sich in der Petersburger Gesellschaft selbst unmöglich macht, wenn man kein Radstock-Sympathisant ist oder wenn man gar eine Einladung zu einer Radstock-Zusammenkunft ausschlägt.« Prinz Meshcherskij bedrängte immer wieder die staatliche Oberbehörde für Religionswesen, den »Radstockismus« als eine gefährliche Sekte zu verbieten. Er war es, der als Erster die Petersburger Erweckungsbewegung mit dem Begriff »Radstockismus« abstempelte, der erst später durch den aktuelleren Begriff »Paschkowismus« ersetzt wurde. Um 1878 war die Bewegung so stark, dass die Regierung es nicht wagen konnte, die Zusammenkünfte und die Aktivitäten zu verbieten. Die Regierung beschränkte sich deshalb darauf, 1878 dem englischen Adligen das Aufenthaltsrecht in Russland zu entziehen.

Sie konnte nicht ahnen, dass genau eine solche Polizeimaßnahme den edlen Garde-Obersten Paschkow mobilisieren würde, die gerade erst angestoßene Erweckungsbewegung weiterzuführen. Paschkow war ein genialer Stratege. Ihm war klar: Wir Bibelfreunde in der Hauptstadt müssen im ganzen Reich Verbindung aufnehmen mit den versprengten Kreisen und Gruppen, die auch Jesus lieb haben und die mit der Bibel leben wollen. Zusammen mit den Freunden Graf Korff und Minister Bobrinskij suchte er auf ausgedehnten Reisen quer durch das Russische Reich solche Gruppen auf, also Stundisten und Molokanen, Baptisten, Duchoborzen und Mennoniten. 1884, zehn Jahre nach dem Anfang von Radstocks Wirken in St. Petersburg, wurden Vertreter solcher Gemeinden nach St. Petersburg eingeladen. Jedoch schon am zweiten Tag des Treffens löste die Geheimpolizei die Zusammenkunft auf. Dem Grafen Modest von Korff und dem Oberst Wasssilij Alexandrowitsch Paschkow wurde auferlegt: »Nie mehr predigen! Keine Versammlungen veranstalten! Nicht in freiem Gebet aus dem Herzen beten! Jeden Kontakt mit Stundisten und anderen gefährlichen Gruppen beenden!« Dem konnten die beiden nicht ihre Zustimmung geben. So mussten sie – unter Zurücklassung ihrer ganzen Habe und all ihrer Besitztümer – binnen zweier Wochen ihr russisches Vaterland verlassen. Beide sind im Exil gestorben. Doch mit alledem war und blieb der erste Grundstein gelegt für ein engeres Zusammengehen aller Evangeliumschristen in Russland.

Es muss doch etwas geschehen!

Für Lord Radstock waren die Russlandaufenthalte wichtige »Abstecher« gewesen, so wie auch die anderen Auslandsreisen

Radstocks durch europäische Länder nur Unterbrechungen seiner eigentlichen Arbeit in England gewesen waren. Er war ja doch eine der Hauptfiguren jener Erweckung, die um das Jahrzehnt zwischen 1860 und 1870 ganz England, Schottland und Irland erfasste, um danach hinüberzuschwappen auf den europäischen Kontinent. In dieser Erweckung spielte auch das Heilungsgebet eine große Rolle; in unseren deutschsprachigen Breiten war die Bewegung repräsentiert durch die damals in Männedorf lebende Dorothea Trudel und durch Pfarrer Johann Christoph Blumhardt in Bad Boll.

Auch Lord Radstock hielt viel vom Gebet. Aber seitdem seine eigene älteste Tochter trotz Handauflegung und Fürbitte gestorben war, mahnte er seine Freunde auch zu biblischer Nüchternheit. Vor allem aber legte Radstock Wert darauf, dass der neue geistliche Aufbruch in England nicht im Religiös-Erbaulichen stecken bliebe, in Gefühlen und in leerem Pathos. In jenem Jahr 1884, als in St. Petersburg alles so verheißungsvoll Begonnene niedergewalzt werden sollte, begann Lord Radstock in London mit dem Bau von Auswandererheimen. In ihnen sollte das aus ganz Europa angeschwemmte »Strandgut« von Auswanderungswilligen eine Zwischenstation vor der Überfahrt nach Amerika finden. Über 700 Plätze wurden angeboten. Insgesamt wurden in jenen Jahren 70 000 bedürftige Auswanderer an Leib und Seele gestärkt. Auch für heimatlose Fremdarbeiter wurden Wohnheime gebaut. Es war Radstocks Initiative, dass in London und in Paris Tänzerinnen vor dem Abgleiten in den Sumpf der Großstadt bewahrt wurden, indem ihnen Wohnheimplätze angeboten wurden.

Radstock war wichtig, dass noch viel deutlicher erkennbar wird, was Kirche wirklich zur Kirche des Christus Jesus macht. Das machen all die vielen Briefe deutlich, die er an Repräsentanten der Christenheit schrieb, sogar an katholische Prälaten im Vatikan und an orthodoxe Archimandriten. Lord Radstocks Kraft erlahmte nicht, als 1892 seine geliebte, so überaus edle und auch opferbereite Frau gestorben war. Während seiner insgesamt 21 Jahre dauernden Witwerschaft unternahm er sieben mühevolle Reisen nach Indien, um dort Missionare zu ermutigen und um junge Gemeinden zu stärken. Indien war ihm ja zusammen mit Russlands Weiten schon einst von seiner Großmutter wichtig gemacht worden.

Radstock verlor im Burenkrieg 1900 auch seinen geliebten Sohn John. Aber noch schmerzlicher als die Trauer um Ehefrau und Kinder waren die geradezu unvorstellbar quälenden körperlichen Schmerzen, die der alte Lord erleiden musste. Wenn man ihn jedoch fragte, wie es ihm denn gehe, dann antwortete er mit einem Lächeln: »Ich muss täglich in die Schule!« Denn er müsse – so erklärte er – lernen, nicht über Schmerzen zu klagen, die Bibel noch besser zu verstehen, weniger scharf andere Menschen zu kritisieren und mit barmherzigeren Augen der Liebe die Menschen zu beurteilen.

In dem ihm so lieb gewordenen Paris verbrachte er die beiden letzten Lebensmonate. Wie glücklich war er, wenn er vertraute Freunde aus den verschiedensten europäischen Ländern wiedersehen konnte, besonders auch Freunde, die um ihres Glaubens willen aus St. Petersburg vertrieben worden waren! Er freute sich über Missionsnachrichten aus Nepal, aus Indien, aus Tibet. Noch drei Tage vor seinem Sterben ließ er Freunde wissen: »Jetzt kann es nicht mehr lange dauern, bis der liebe Herr Jesus wiederkommt. Denn das Evangelium von ihm hat doch jetzt fast alle Nationen erreicht!«

Am 8. Dezember 1913 ist dann Lord Radstock 80-jährig in Paris verstorben, wenige Monate vor dem Ausbruch des schrecklichen Ersten Weltkriegs. Eines der Lieder, die damals in St. Petersburg die Erweckungsbewegung prägten, machte bewusst: »Weihet die besten Kräfte dem Herrn Jesus Christ. Wirket mit Ernst, ihr Frommen, gebt alles andre dran! Auf, denn die Nacht wird kommen, da man nicht mehr kann!«

Elvine Gräfin de La Tour, geb. Ritter von Záhony (1841–1916)

Eine evangelische Wohltäterin in Österreich

Evangelisch und praktisch – das Erbe

Felsenfest von ihrem Glauben überzeugt, dafür waren in Deutschland durch Generationen hindurch Glieder der Familie Ritter bekannt. Aber auch als streitbar. Martin Ritter, einer der Stammväter der Familie, war Mönch gewesen. Aber er hatte sich so für das unverfälschte Evangelium verkämpft, dass Martin Luther ihn dann als Pfarrer an die Hospitalkirche zu Frankfurt vermittelte. Dort starb er 1536 während der Vorbereitung für einen Gottesdienst. Dieses bewusst evangelische Erbe bestimmte das Leben der Familie Ritter erst recht, als sie im katholischen Raum des österreichisch-italienischen Grenzlandes von Triest ansässig geworden waren.

Schon vor 1800 war bei den Ritters die lange Tradition einer Pfarrerdynastie abgebrochen. Als praktische Menschen hatten sie sich dem Kaufmannsberuf zugewandt und sich in Görz am Isonzo angesiedelt. Im Wirtschaftsleben des damals österreichischen Küstenlandes westlich von Triest spielten sie eine immer bedeutendere Rolle. Überaus erfolgreich handelten sie mit Zucker und dann vor allem mit Salpeter. Das österreich-ungarische Kaiserhaus verlieh schon dem Großvater der am 8. Dezember 1841 in Görz geborenen Elvine den erblichen ungarischen Adel und dazu ein Gut in Ungarn. Seitdem trug die Familie den Namen »Ritter von Záhony«.

Erfolgreich, fromm und auch freigebig, das war der Vater Ritter von Záhony. Praktisch-zupackend war Elvines Mutter, eine Schweizerin. Das war das Erbe, das Elvine zusammen mit ihren fünf Geschwistern von ihren Eltern mitbekommen hatte.

Leben in Spannungen

Dicht neben dem geradezu märchenhaft-glänzenden Lebensstil im reichen Kaufmannshaus Ritter gab es unter der Bevölkerung von Görz viel bittere Armut. Mit ihren Fragen, wie das vor Gott zu verantworten wäre, blieb Elvine ohne Antwort. Sie vermisste in besonderer Weise die liebe- und verständnisvolle Mutter; sie war gestorben, als Elvine gerade neun Jahre alt war. Die fromme Großmutter Rittmeyer aus Triest war der Heranwachsenden zwar ein Vorbild für den »Glauben, der in der Liebe tätig ist«, aber wenn Elvine versuchte, nun auch selbst armen Menschen zu helfen, wurde sie vom Gewissen angeklagt: »Dich selbst hat es ja nichts gekostet! Wo ist denn dein eigenes Opfer?« Denn die Geldmittel, die sie hilfreich weiterzugeben versuchte, waren ihr ja vom freigebigen Vater großzügig zur Verfügung gestellt worden.

Der jungen Kaufmannstochter wurde in ihrer Gewissensnot durch den Konfirmandenunterricht geholfen. Der wurde ihr vom damaligen Görzer Pfarrer Ludwig Schwarz erteilt, dem späteren Gründer des evangelischen Diakonissenmutterhauses Gallneukirchen. Pfarrer Schwarz machte dem jungen Mädchen anschaulich, dass Jesus gerade schuldig gewordenen Menschen Vergebung der Sünden anbietet und auch den Neuanfang eines gesegneten Lebens. Damals begann Elvine zu ahnen: Echter Glaube lässt sich nicht einfach vererben. Den Schritt hin zu Jesus muss man persönlich wollen! Als sie das Wort von Jesus: »Weide meine Lämmer!« im Johannesevangelium las, durchzuckte sie zum ersten Mal der Wunsch: »Auch ich möchte doch Jesus lieben und seine Lämmer weiden!« Aber zur Erfüllung dieses Sehnens kam es erst nach schwierigen Bewährungsproben.

Denn so rasch konnte sich Elvine von Ritter nicht aus ihren Verpflichtungen lösen. Als Tochter in dem mutterlosen Haus hatte sie viele Repräsentationspflichten, denen sie mit Freude nachkam. Trotz der früheren Gewissensnöte und der ersten Glaubensanstöße liebte sie die große und reiche Welt. Sie bekannte später offen: »Es musste eine sehr lange Zeit vergehen, bis ich die Liebe zur Welt und zum Reichtum Jesus zu Füßen legen konnte!«

Im Krieg von 1866 half die Fabrikantentochter selbstlos mit, die Verwundeten in dem Lazarett zu pflegen, das in stillgelegten Räumen der Zuckerraffinerie eingerichtet worden war. Noch einschneidender jedoch als dieses ganze Kriegselend war für sie das Sterben ihres älteren Bruders. Mit ihm hatte sie sich besonders gut verstanden. Auch hatte der Vater auf ihn so viele Hoffnungen gesetzt. Da war es Elvine, die dem Vater Trost zusprechen und Halt geben musste. Daneben wurde sie vom Freund ihres Bruders bedrängt, ihn zu heiraten. Die damals 27-jährige Elvine hatte bis dahin diesen Grafen de la Tour en Voivre als nur so etwas wie einen »jüngeren Bruder« angesehen. Doch der Graf, ein gewandter Gesellschafter, drohte mit Selbstmord, falls Elvine ihn nicht erhören würde. Zwar war sie von allen nur denkbaren Seiten vor einer Heirat mit diesem lebensfrohen katholischen Grafen gewarnt worden. Aber Elvine sah eine Ehe mit diesem wesentlich jüngeren Mann als Herausforderung an, ihn für den evangelischen Glauben zu gewinnen. Am 15. März 1868 wurde das Paar durch Pfarrer Ludwig Schwarz in der evangelischen Kirche von Görz getraut.

Schon auf dem Hochzeitsfest wurde jedoch deutlich, wie verschieden die beiden jungen Eheleute waren. Der lebenslustige Graf und die ältere, ernste Ehefrau passten nicht recht zusammen. Der reiche Vater Ritter wollte dem jungen Paar mit einer gemeinsamen Aufgabe helfen. Er schenkte ihnen das Weingut Russiz am Isonzo und baute ihnen einen Herrensitz dazu. Denn der Graf war ein tüchtiger Landwirt, am Weinbau hatte er Freude und auch Geschick dazu. Er sorgte auch als Bürgermeister des nahe gelegenen Dorfes Capriva für den Bau eines Schulhauses und für den geregelten Betrieb einer Schule.

Was jedoch wie Harmonie aussah, war voll von Spannungen. Zwar schienen sich die Eheleute im Einsatz für die Hilfsbedürftigen zu verstehen; für den Grafen war jedoch das Motiv die soziale Verantwortung, die Gräfin war getrieben von der Liebe des Christus, die den Ehemann befremdete.

In den Horden von bettelnden Straßenkindern, die auch an die Tür des Herrenhauses klopften, erkannte Gräfin de la Tour »des Heilands Lämmer«, die sie doch weiden wollte und auch sollte. So fing sie 1873 als einzige Evangelische weit und breit in Russiz unter dem Dach des »weißen Schlosses an den Rebhängen« eine Kinder-Rettungsarbeit an, vor allem eine Arbeit mit und unter

Mädchen. »Das Kind meiner ersten Liebe«, so nannte die kinderlos bleibende Gräfin die Heimat für verwahrloste Kinder im obersten Stockwerk des Schlosses.

Im zweiten Jahresbericht schrieb die Gräfin: »Viele dieser armen Kinder sind wie kostbare Steine, allerdings in den Kot getreten. Das sollte uns nicht die Mühe reuen, uns nach ihnen zu bücken, ja sie sorgsam aufzusuchen, sie zu reinigen, zu behandeln, damit sie immer schöner und klarer glänzen und leuchten mögen zur Ehre und Freude von Jesus, dem echten Retter aus Verderben und aus der Macht der Sünde.«

Die Räume im Russizer Schloss füllten sich rasch. Noch größer als der Zulauf waren jedoch die Sorgen um die Arbeit. Finanziell war sie hundertprozentig abhängig von der Großzügigkeit des Vaters Ritter. Noch schwieriger war es, die rechten Mitarbeiter zu gewinnen. Wenn nicht die Armenschullehreranstalt Beuggen einen Lehrer und die Diakonissenanstalt Kaiserswerth nicht eine Erzieherin entsandt hätten, wäre das Werk schon früh gescheitert. Als jedoch die Kinderrettungsanstalt Russiz immer mehr aufblühte, »tobten die Neider, vorab, was begreiflich und zugleich unbegreiflich war, die katholische Geistlichkeit« (Liselotte Hoffmann-von der Eltz).

Als in Russiz der Dachboden des Schlosses geräumt werden konnte, weil ein zweckentsprechendes neues Kinderheim gebaut worden war, baute auch die katholische Kirche ein Waisenhaus auf. Die Gräfin wurde aufgefordert, dorthin alle katholischen Kinder abzugeben. Da wandte sich die Gräfin an den Kaiser mit der Bitte, die Kinder behalten zu dürfen. Das wurde ihr gewährt, allerdings mit der Auflage, katholische Kinder nicht an den evangelischen Hausandachten teilnehmen zu lassen.

Durch all die Jahrzehnte blieb Russiz mit seiner Kinderheimat ein Sorgenkind der Gräfin, bis dann die Isonzo-Schlachten des Ersten Weltkriegs über Russiz hinweggingen. Von der italienischen Regierung ausgewiesen, konnte die damals 74-jährige Gräfin bei völligem Verlust ihres Vermögens nur mühsam ihr Leben retten. Nach monatelangen Irrfahrten gelangte sie schließlich nach Treffen in Kärnten, das der Gräfin zur zweiten Heimat geworden war.

Treffen

Unterhalb der fast 2000 m hohen Nockberge, am Fuß der Gerlitzen, liegt im Westen des Ossiacher Sees zwischen Villach und Klagenfurt das Waldgut Treffen. Im Süden wird das Tal der Drau durch die Karawanken abgeschlossen. Treffen wurde der Sommersitz des Ehepaares de La Tour. Der Graf hatte schon längere Zeit nach einer zweiten Heimat in Kärnten gesucht. Auf Jagdausflügen hatte er das schöne Land mit seinen mächtigen Waldungen und mit seiner so gesunden Luft lieben gelernt. Denn zunehmend hatte er die sommerliche Schwüle im adriatischen Küstengebiet von Russiz schlecht ertragen. Aber an den Kauf eines Gutes in Kärnten war nicht zu denken, solange Graf de La Tour – für ihn bedrückend – ganz vom Ritterschen Vermögen abhängig war. Dann aber hatte ihm persönlich eine entfernte Tante ein großes Erbe zugedacht. Das Vermögen befreite ihn nicht nur von dem ihn demütigenden finanziellen Druck, sondern es ermöglichte ihm auch, im Jahr 1885 das etwa 200 Jahre alte Schloss mit den dazugehörigen Gutshäusern zu kaufen. Bald nach dem Einzug ins Schloss begann die Gräfin mit einer »Sonntagsschule«.

Unter den Evangelischen gab es manche Not. Dem einstigen standhaften Eintreten für das Evangelium waren weithin Ermattung und religiöse Gleichgültigkeit gefolgt. Für viele Familien und Gemeinden war die Bibel kein »Hausbuch« mehr. Ein moralischer Tiefstand war die Folge des Gesetzes gewesen, das Kaiserin Maria Theresia erlassen hatte. Demnach durfte nur heiraten, wer ein gewisses Vermögen nachweisen konnte. Die Folgen waren wilde Ehen und elternlose Kinder. »Die Viehmagd mit zwei bis drei ledigen Kindern ist ein gewohntes Bild auf den Kärntner Bauernhöfen. In Ställen, Scheunen, Schuppen wohnen sie, bleiben ohne Schulbildung, stecken in Lumpen und Schmutz, und oft löst die Schnapsflasche die Milchflasche als Trösterin ab«, so schrieb Gräfin Elvine. Früher hatte es in Kärnten ein blühendes evangelisches Schulwesen gegeben. Das war jedoch der Neuordnung des österreichischen Unterrichtswesens zum Opfer gefallen. Es durfte nur noch evangelische Privatschulen geben.

1891 gründete Gräfin Elvine die erste Privatschule in einem Nebengebäude des Schlosses. Zwar hatte die Gräfin für dieses »Kind« einen tüchtigen Lehrer berufen können, aber die Räumlichkeiten waren ungeeignet. 50 Schulkinder mussten sich in einen einzigen Raum zwängen. Da verkaufte die Gräfin ihren Perlenschmuck und bat Freunde in Österreich und im Ausland um Spenden. 1894 wurde der Grundstein zum Schulhausneubau gelegt. Er trägt die Inschrift: »Weiset meine Kinder und das Werk meiner Hände zu mir. Gewidmet den Kindern Kärntens.« Bald folgte der Bau eines Kinderheims. 1905 wurde der Wohltäterin von einer alten Frau erzählt, die in einem Schweinestall dahinvegetieren musste. Da erwarb die Gräfin einen Bauernhof, den sie zum Altenheim »Herrenhilf« umbaute. Zum Kinderhort kam die Knabenanstalt, aus einer ehemaligen Gaststätte wurde ein Vereinshaus für Gemeinschafts- und Evangelisationsarbeit.

Die kinderlose Gräfin hat gelegentlich an den Fingern ihrer Hände ihre »Kinder« aufzählen können: Die »erstgeborene Tochter« war die Anstalt in Russiz, das »älteste Treffener Kind« die Schule. Ihr liebstes Kind war die Evangelisationsarbeit in Kärnten. Denn Gräfin Elvine war der Überzeugung: »Wo Gottes Wort fehlt, da kann kein göttliches Licht in die von Natur dunklen Herzen dringen. Heilung und Hilfe kann nur durch Gottes Wort kommen!« Neun »Kinder« zählte die Gräfin auf; das »jüngste Kind« war ein Hospiz und eine evangelische Stadtmission in Triest.

Die besondere Begabung von Gräfin Elvine war das Berufen der richtigen Verantwortlichen. Als erster Hausvater von »Herrenhilf« konnte der Württemberger Ziegler gewonnen werden sowie Maria Westphal, eine Mitarbeiterin von Theodor Zöckler in Stanislau/Galizien, als Direktorin der Schule. Wie schon zuvor in Russiz bewährte damit die Gräfin ihre Gabe, die unterschiedlichsten diakonischen und missionarischen Werke der deutschsprechenden Christenheit untereinander zu verknüpfen: Beuggen und Kaiserswerth, Stanislau und Stadtmission Berlin, Preußisch-Bahnau und Vandsburg, Bad Blankenburg und Hauptwil, Chrischona und den deutschen Gustav-Adolf-Verein, Otto Stockmayer und Samuel Keller. »Es ist so wichtig, dass wir die Einigkeit im Geist untereinander pflegen«, so konnte Gräfin de La Tour sagen. Danach handelte sie. Deshalb trennte sie sich auch nie von ihrer lutherischen Kirche, deren Ortsgottesdienste sie gerade im Sommer regelmäßig besuchte. Auch suchte die Gräfin von ihrem Werk alles fernzuhalten, was die Gemeinschaft der Gläubigen stören und Verwirrung unter ihnen anstiften konnte. So trennte sie sich auch – nobel, ohne Streit, aber doch entschieden – 1910 von zwei jungen Evangelistenbrüdern, die mehr und mehr die pfingstlerische Irrlehre vertraten, dass wahre Gläubige sündlos werden könnten.

Im Sommer 1904 war Pfarrer Dr. Wilhelm Busch – Elberfeld, später Frankfurt, damals Vorsitzender der »Deutschen Ausbreitungsgesellschaft für das Evangelium« – zum Treffener Jahresfest als Festredner eingeladen worden. Er berichtete anschaulich: »Denkt euch einen vornehmen gräflichen Park mit prächtigen Baumriesen, grünen Rasenflächen, gepflegten Wegen! Heute ist er voll Leben. In langem Zuge sind sie heute Morgen eingezogen: Voran die Kinderschüler zu Fuß oder in kleinen, mit Grün bedeckten Wagen. Dann kamen mit festem Tritt die Schulkinder und Anstaltsbuben, alle geschmückt mit leuchtenden Blumensträußchen, dann die Gräfin mit ihren Gästen und hinter ihnen ein Strom von Menschen, meistens einfache Landleute aus der näheren und ferneren Umgebung. Die vielen Hunderte lagerten sich unter den weit ausladenden Bäumen und lauschten dem verkündigten Wort. Die Baumwipfel rauschten leise, die Grillen zirpten im Gras. Aber sonst störte nichts die andächtige Stille, die durch Stunden hindurch anhält. Von 9 bis 12 Uhr hörten sie zu. Sie hörten zu mit Aufmerksamkeit und Begier, mit Spannung und Hunger der Seele. Für mich als Redner war solch eine Aufmerksamkeit ungewöhnlich, ja belebend. Aber dann wurde auch der Leib gelabt. An großen Tafeln wurden im Schloss über hundert Gäste gespeist und im Park unter Gottes gutem Himmel noch viel mehr! Wie das die Zusammengehörigkeit der Evangelischen im Land fördert! Überall fröhliches Lachen, strahlende Augen und jubelndes Singen zum Dank gegen Gott. – Unter all den Fröhlichen begegnete ich einem alten Mann, der so ganz besonders glücklich dahinschritt. ›Seit ich denken kann‹, so sagte der Alte, ›war mein Wunsch ein Paar echte, gute hirschlederne Hosen. Aber so etwas kann sich unsereins nicht leisten. Aber was hat unsere Frau Gräfin getan? Die hat mir ein Paar geschenkt, hören Sie, geschenkt, … allerdings eine Bedingung ist dabei, ich soll nie mehr einen Rausch haben, wenn, ach wenn, ach – nein, ich krieg keinen, aber wenn je, dann müsste ich halt meine Hirschledernen wieder hergeben. Bei Gott, nein, das möchte ich nicht erleben!‹«

Die Gräfin wurde von dem damals mit zum Jahresfest reisenden Hülbener Rektor Albrecht Kullen so beschrieben: »Sie ist eine große, stattliche Erscheinung mit weißem Haar. In ihrem ganzen Wesen lag sowohl Hoheitsvolles als auch überaus Freundliches.«

Nicht nur über Treffen war die Sonne aufgegangen, sondern auch über der Ehe des gräflichen Ehepaares. Der nierenkranke Graf hatte nicht nur die ihn erquickende Kärntener Luft genossen, sondern er hatte auch in einen echten Glauben an das Heil in Jesus hineingefunden. Pfarrer Ludwig Schwarz, der alte Seelsorger des Paares, hatte ihm den entscheidenden Dienst tun dürfen. 1894 hatte sich der Graf zum evangelischen Glauben bekannt. Dreißig Jahre hatte die Ehe gedauert. Dreißig Jahre hatte die Gräfin darum gebetet, mit ihrem Mann auch im Glauben verbunden sein zu können. Für ihren Mann hatte die Gräfin in Russiz ein Mausoleum bauen lassen, das vom Berliner Hofprediger Adolf Stoecker eingeweiht worden war. Als dann die katholische Verwandtschaft darauf drängte, den Leichnam des Grafen im Erbbegräbnis zu Görz beizusetzen, ließ die kämpferische Gräfin bei Nacht den Sarg ihres Ehemanns aus jener Familiengruft holen und nach Russiz ins Mausoleum überführen.

»Nicht uns, nicht uns, sondern deinem Namen gib Ehre!«

Gräfin de La Tour war gerne mit anderen Mitchristen zusammen. Sie mochte es, Gäste nach Treffen und auf ihre Güter einzuladen, um sie zu beherbergen. Aber sie redete selten über »ihre« Anstalten. Sie hatte die Sorge, dabei könnten ihre eigenen Leistungen zu sehr in den Vordergrund rücken. Später tat ihr Leid, dass sie nicht öfter von den erlebten Wundern erzählt hatte. »Ich hätte doch Gott zu Ehren reden sollen«, konnte sie dann bedauernd bekennen. Aber sie wusste auch um die Gefahr – gerade auch bei ihrer raschen Art und angesichts ihrer meist schnellen Entschlüsse –, dass sie ihren eigenen Willen mit dem Willen Gottes verwechseln könnte.

Dabei hatte sie so viele Erhörungen von Gebeten erlebt. Sie sah jede Mitarbeiterin und jeden Leiter der einzelnen Einrichtungen, die ihr »zugefallen« waren, als Erhörung von heiß zu Gott geflehten Gebeten an. Als einmal ein nicht zu löschender Flächenbrand über dem Ossiacher See auch den gräflichen Hochwald bedrohte, wurden die Mitarbeiter aufgerufen: »Betet! Helft beten! Wir brauchen doch den Erlös des Holzes, um die Anstalten zu unterhalten!« Da setzte ein schweres Gewitter ein, der Wind drehte sich, Regen rauschte in Strömen herunter, der Waldbrand wurde gelöscht, die Treffener Waldungen waren gerettet.

Auch in Treffen war die Gräfin dem Hass der katholischen Bevölkerung ausgesetzt. Es wurde ihr mit Feuer gedroht, sie wurde verleumdet, sie musste sich sogar vor Gericht verteidigen. Immer wieder wurde sie bedroht, ihre Anstalten würden geschlossen werden. Sogar Erzherzog Franz Ferdinand und dessen Gemahlin ließen sich von dieser Feindschaft anstecken. Gräfin de La Tour reiste persönlich nach Wien, um eine Audienz beim Kaiser zu erhalten. Sie wartete Stunde um Stunde, die Audienz wurde ihr jedoch nicht gewährt. Vermutlich war der Kaiser von der erbetenen Audienz überhaupt nicht unterrichtet worden. Das Dekret zur Schließung der Treffener Anstalten lag schon ausgefertigt zur Unterschrift bereit. Da beendeten die Schüsse von Sarajewo das

Leben des erzherzoglichen Paares – das Werk in Treffen schien gerettet.

Doch in den Kriegsjahren setzten die Behörden durch, dass sie die katholischen Kinder Treffens, vor allem die schulpflichtigen, in katholische Heime abzugeben hatte. Das geschah vor allem in jenen ersten Kriegsmonaten, als Gräfin Elvine die Russizer Kinder nach Treffen evakuieren ließ. Als sie jedoch auch die Heime von Russiz zu retten versuchte, wurde sie von den italienischen Behörden als »Gegnerin« inhaftiert. Erst Ende September 1915 kam sie frei und konnte über die Schweiz und Stuttgart wieder nach Treffen gelangen.

Dort versteckte sie viele der Treffener Kinder, die hätten ausgeliefert werden sollen, in evangelischen Familien, die hoch oben im Gebirge lebten. Aber auch von dort forderte der Bezirkshauptmann die Auslieferung. Gerade ältere Jungen wurden wie Gefangene von einem Wachtmeister in eine katholische Anstalt abgeführt. Von den zehn jungen Burschen waren jedoch am nächsten Morgen neun wieder da. Sie waren aus einem Fenster im ersten Stock der katholischen Einrichtung gesprungen. Die Gräfin ließ sie aufs Neue verbergen, da die Burschen sich weigerten, in die katholische Anstalt zurückzukehren.

Einige Gedanken der Gräfin aus jenen Tagen belegen den Glauben, in dem sie noch in der letzten Zeit der Schwachheit lebte: »Unsere Widersacher haben genau das Gegenteil von dem erreicht, was sie angestrebt haben. Sie konnten damit gelernt haben, dass man nicht mit Hass und Verfolgung Menschen gewinnt, sondern mit Liebe.« »So will ich weiter ausharren im Vertrauen auf Gottes Verheißungen, die sich stets erfüllt haben. Sie werden auch ferner ihre Siegeskraft erweisen in einem Leben, das dem Herrn und Heiland geweiht ist. Dafür sei allein IHM Preis, Ehre und Ruhm dargebracht.«

»Gott wird's machen!«, das war das letzte Wort der Gräfin Elvine de La Tour, als sie am 7. Oktober 1916 starb. Ihr Grab fand sie unter den alten hohen Bäumen im Park von Treffen.

Friedrich von Schlümbach
(1842–1901)

Die amerikanische Lokomotive für den Evangelisations-Express

24 entscheidende Stunden

Friedrich von Schlümbach war am 27. 7. 1842 im Schloss von Öhringen als Offizierssohn zur Welt gekommen. Schon der Großvater war württembergischer Offizier gewesen, die meisten der anderen Vorfahren waren im Militärdienst von Bayern gestanden. Ihnen war irgendwann einmal der erbliche Adelstitel verliehen worden. Verglichen mit ihnen allen war die militärische Karriere des württembergischen Fähnrichs von Schlümbach rasch und auf ungewöhnliche Weise beendet: Er wurde »unehrenhaft aus der Armee entlassen«, so lautete der Vermerk in den Akten. In Wirklichkeit war der 18-Jährige fahnenflüchtig geworden, um den Verstrickungen in irgendeine dunkle Geschichte zu entgehen. Wir wissen nur, dass er später reumütig bekannte: »Sechzehn Jahre lang hat meine Mutter meinetwegen an Leib und Seele gelitten; der Gram um mich hat sie zollweise unter den Boden gebracht!«

»Auf nach Amerika!« Das war damals die Parole für viele, die noch einmal das Leben neu beginnen wollten. Aber Amerika war alles andere als das »Gelobte Land«. Der ehemalige Offiziersanwärter musste bei 30 Grad Hitze in Steinbrüchen Sklavenarbeit verrichten, um überhaupt überleben zu können. Als dann 1861 der amerikanische Bürgerkrieg ausbrach, eilte Schlümbach in die Armee der Nordstaaten. In dieser zusammengewürfelten Gesellschaft von soldatisch Ungedrillten brachte es der ehemalige württembergische Fähnrich rasch zum Captain, also zum Hauptmann. Er genoss es, der viel zu rasch geschlossenen Ehe mit seiner Frau Coelestine entflohen zu sein, um stattdessen ein ungebundenes, ja wüstes Soldatenleben führen zu können. Doch im Juni 1862 wurde er in der Schlacht von Richmond schwer verwundet. Ein betrunkener Militärarzt ließ den Hauptmann mit seinem zerschmetterten Bein unversorgt liegen. Da schrie der Verwundete – zum ersten Mal seit Kindertagen – wieder zu Gott. Er sah es als Wunder an, dass er gefunden und rettend auf einen primitiven Verbandsplatz gebracht wurde.

Das Staunen über Gottes Hilfe war jedoch schnell wieder vergessen. Solche Augenblicksbekehrungen halten meist nicht lange vor. Sie können sogar so rasch, wie eine Hand sich dreht, ins Gegenteil umschlagen. Das hat Schlümbach in jener Zeit am eigenen Leib erfahren. Schlümbach war ja zeit seines Lebens nie auf den Mund gefallen. Er konnte frei von der Leber weg reden – witzig, überzeugend, packend. Deutsch-amerikanische Turn- und Sportvereine holten ihn als Unterhalter und als Festredner zu ihren Jubiläen. Als er dann auch noch seine frivolen Reden mit hämischen Spitzen gegen den christlichen Glauben würzte, warben ihn die »Freidenker« für ihr Lager. Ja, sie machten ihn zum landesweit agierenden atheistischen Propagandaredner.

Doch dann kam es 1868 zu einer totalen Wende. Eigentlich »zufällig«, wie man so vordergründig sagt, traf Schlümbach im Speisewagen eines Eisenbahnzuges seinen ehemaligen Kommandeur, einen General Albright (der natürlich als ehemaliger Deutscher ursprünglich Albrecht geheißen hatte). »Haben Sie denn etwas für das Wochenende vor?«, so fragte der General, »sonst kommen Sie doch unbedingt mit in mein Haus; meine Frau würde sich sicher freuen!« Schlümbach ließ sich nicht zweimal bitten. Im wohnlichen Haus des würdigen Ehepaares fühlte er sich wohl. Er war auch aus Höflichkeit bereit, seine Gastgeber zum Wochenschluss-Gottesdienst zu begleiten. Er, der so gerne Lieder schmetterte, war sogar versucht, bei den dort gesungenen schwungvollen Liedern mitzusummen. Allerdings kam ihm die Predigt, von einem würdigen älteren Pfarrer gehalten, so strohernlangweilig vor, dass er sich fragte: »Wozu mache ich eigentlich Atheismus-Propaganda, wenn die Christen selbst das Geschäft so ausgezeichnet beherrschen, ihren Glauben nebensächlich zu machen?«

Bei der Rückkehr von diesem Vorabendgottesdienst sagte Schlümbach seinen Gastgebern sogar noch zu, sie am darauffolgenden Sonntagmorgen in den Hauptgottesdienst zu begleiten. Schließlich wollte er staunend noch ein weiteres Beispiel für »christliche Selbstverstümmelung« erleben.

Aber am Samstagabend wurde er von Gott eingeholt. Nach dem Abendessen hatte die Frau Albright den Gast freundlich zu einer Tasse Tee gebeten. Dann hatte sie gefragt: »Lebt eigentlich Ihre Frau Mutter noch?« Als Schlümbach so an seine Mutter erinnert wurde, da stürzten ihm Tränen aus den Augen. Wie viel Schmerz hatte er ihr doch bereitet! Zusammen mit dieser Erinnerung, die eine mit Jesus verbundene und von Jesus bevollmächtigte Seelsorgerin ausgelöst hatte, stürzte bei Schlümbach das Kartenhaus von Überheblichkeit und Selbstsicherheit in sich zusammen. Aus der darauffolgenden Stunde nahm Schlümbach das Wort von Jesus mit, das ihm Frau Albright zugesprochen hatte: »Dir sind deine Sünden vergeben; geh hin, und sündige hinfort nicht mehr!«

Im Gottesdienst am Sonntagmorgen sprach ein junger Vikar ohne rhetorischen Schwung. Aber voller Überzeugung legte er das Apostelwort aus: »Ich weiß, an wen ich glaube!« Der Inhalt seiner Verkündigung war: »Es gibt den heiligen Gott. Voll unbegreiflicher Liebe hat er dafür gesorgt, dass kein Mensch als Rebell gegen Gott verloren gehen muss. Darum hat er seinen Sohn Jesus den Sündern zum Heiland bestimmt! Ihm darf man Glauben schenken.« Als Schlümbach 24 Stunden nach seiner Ankunft aus der Kleinstadt in Pennsylvania schied, nahm er die Gewissheit mit: »Ich weiß, an wen ich glaube!«

Fruchtbar gemachte Erfahrungen

Friedrich von Schlümbach wollte nun ebenso feurig seinen neu gewonnenen Glauben weitergeben, wie er einst seinen Unglauben publik gemacht hatte. Zuerst versuchte er, in einer Art von Selbst- und Fernstudium geistliches Wissen zu erwerben. Dann aber ließ er sich in einem methodistischen Seminar abschließend theologisch ausbilden.

Im Grunde genommen wollte er die Erkenntnisse praktizieren und auch weitergeben, die ihm in jenen 24 Stunden im Haus und in der Gemeinde von General Albright zugewachsen waren:

- Christen sollen bei Kontakten mit Zweiflern und mit Ablehnenden sich zuerst einmal Anteil nehmend für den Gesprächspartner interessieren. Das ist wichtiger als alles Anpredigen und als jedes theologische Argumentieren. Eine besondere Gabe für solches Anteilnehmen haben mütterliche Frauen.

- Einfache Glaubenslieder können mehr Verhärtungen des Unglaubens auflockern und besser die Gewissen wecken als eine ganze Serie von Verteilschriften oder als ganze Stöße von frommen Büchern.

- Es ist eine Beleidigung für Jesus, wenn von ihm routinehaft oder auch lehrhaft einschläfernd gesprochen wird. Jesus will so bezeugt werden, dass man dem Verkündiger abspürt, dass er selbst ganz neu von Jesus gepackt worden ist.

- Selbst unter scheinbaren Gottesleugnern gibt es ein heimliches Sehnen nach verbindlicher und glaubwürdiger Wahrheit. Selbst atheistische Spötter lassen sich für den Glauben an Jesus gewinnen, wenn er ihnen einfach und klar bezeugt wird.

Ab 1872 wirkte der damals gerade 30 Jahre alt Gewordene im Auftrag der Methodistenkirche unter deutschen Einwanderern, vor allem in Baltimore. Aber dann streckte der deutschsprachige Zweig der Young Men's Christian Association (also des CVJM) seine Hände nach dem feurigen Evangelisten aus. Im Jahr 1878 wurde er freigestellt für dessen missionarische Arbeit in amerikanischen Großstädten.

Der CVJM-Gründer George Williams (1821–1905) hatte die Marschroute ausgegeben: »Lasst uns bei allem Bemühen, auf die körperlichen, gesellschaftlichen und geistigen Anliegen junger Männer einzugehen, und bei dem Bestreben, sie als in ihren Berufen tüchtige Menschen zu fördern, den ersten Zweck unserer Arbeit nicht vergessen, nämlich sie zu einem lebendigen Glauben an Jesus zu führen. Dieser erste Zweck unserer Arbeit ist ein geistlicher Zweck und kann darum nur durch geistliche Mittel erreicht werden.«

Das war eine Zielsetzung, die Friedrich von Schlümbach voll unterschreiben konnte. Sie schuf damals in England und dann vor allem auch in Amerika eine Atmosphäre, in welcher der von Jesus in seinen Dienst berufene Schlümbach aufleben konnte.

Als »Amerikanischer Nationalsekretär für die Arbeit unter jungen deutschen Männern« kam er in Verbindung mit dem amerikanischen Evangelisten Dwight L. Moody (1837–1899). Gemeinsam gestalteten sie evangelistische Großaktionen, besonders in den damals aus allen Nähten platzenden amerikanischen Großstädten. So wie Moody sich der Hilfe des Sängers Ira D. Sankey bediente, so benutzte er für die Botschaften an deutsche Zuhörer den CVJM-Sekretär von Schlümbach. Beim Zelteinsatz in St. Louis bekam von Schlümbach den Beinamen »der deutsche Moody«. Ihn erlebten auch Vertreter von rheinisch-westfälischen Jünglingsvereinen, als sie Teilnehmer einer CVJM-Weltbund-Konferenz in England waren. Ihr einhelliges Urteil lautete: »Genau den brauchen wir auch in Deutschland!«

Denn Schlümbach verkörperte, was für das nach 1871 neue Kaiserreich Deutschland nötig war: Er sprach nicht voller Entschuldigungen vom Christusglauben, sondern er stand voll und ganz hinter den biblischen Aussagen. Dabei war er nicht pastoral. Vielmehr konnte er humorvoll und doch zugleich geistreich auf die Fragen der Menschen seiner Zeit eingehen. Er verbreitete um sich den Duft der großen weiten Welt und konnte doch volkstümlich-verständlich – und zugleich auch eindringlich werbend – vom Heil in Jesus reden. Mit seiner mächtigen Stimme konnte er unzählbare Massen erreichen. Und wenn er die neuen Evangeliumslieder anstimmte, »dann klirrten die Fensterscheiben«.

Schlümbach ließ sich gerne nach Deutschland einladen. Schon lange Zeit zuvor hatte es ihm schlaflose Stunden bereitet, wenn er an die zunehmende religiöse Gleichgültigkeit in seiner deutschen Heimat dachte. Im Geist hatte er sich für Deutschland ein Konzept bereitgelegt: »Erst wenn die an Jesus Glaubenden zusammengefasst und systematisch an die Arbeit gestellt werden, kann das Reich Gottes wieder in Deutschland Wurzeln fassen. Die bisher so zersplitterten Kräfte müssen gebündelt werden. Vor allem braucht Deutschland den geistlichen Dienst der Laien!«

Dieser Funke zündete, als Schlümbach zuerst 1881 für kurze Zeit nach Deutschland kam, vor allem aber, als er 1882 und 1883 jeweils für einige Monate Deutschland bereiste. Für September 1882 hatte Schlümbach Vertreter deutscher christlicher Jünglingsvereine an das Hermannsdenkmal im Teutoburger Wald eingeladen. Über 7000 Teilnehmer hatten sich zu dem »1. Nationalfest deutscher evangelischer Jünglingsbünde« zusammentrommeln lassen. Es wurde zur Geburtsstunde des Reichsverbandes des deutschen CVJM, des heutigen CVJM-Gesamtverbandes.

Dem Glaubensnotstand in der Großstadt begegnen

»Wir müssen uns um die große Stadt kümmern! Unter allen deutschen Städten wächst jedoch Berlin am reißendsten. Auf Berlin passt das Wort: ›Große Städte, große Nöte!‹ In Berlin herrscht kirchlicher Notstand, ja kirchliche Verwahrlosung. Es ist schreckliche Wahrheit: Die Hauptstadt des Reichs ist die unkirchlichste Stadt Deutschlands geworden. Zwar sind ein Jahrhundert lang die geistreichsten Prediger auf Berliner Kanzeln gestanden. Aber heute stehen wir vor dem völligen Kirchenbankrott. Die alte parochiale Gemeindeordnung der Volkskirche und die traditionelle Korrektheit der gottesdienstlichen Stilformen spotten dem, was die Menschen von heute brauchen!« So hatte es 1877 Hofprediger Adolf Stoecker (1835–1909) in das deutsche Land hineingerufen. Er beließ es jedoch nicht beim Klagen. Vielmehr baute er als erste Notmaßnahme die Berliner Stadtmission auf. Dabei dachte er an eine missionarische Mannschaft, die unabhängig von den alten Kirchengemeindegrenzen lebendige Gemeinden zu sammeln bereit war. Aber es musste noch mehr geschehen! Stoecker erkannte: »Der Boden muss erst aufgepflügt werden, der verhärtete Boden der Unkirchlichkeit muss gelockert werden, bevor die Aussaat des Evangeliums Sinn macht. Darum ist jetzt für Deutschland dran, was für London und für England die evangelistische Predigt von Spurgeon bedeutet. Jetzt ist für Berlin dran, was für die amerikanischen Großstädte die Evangelisation von Moody bedeutet. Wenn es überhaupt noch einmal ein geistliches Aufwachen für ganz Deutschland geben soll, dann muss es ausgehen von der großen Stadt, von der Metropole Berlin, von der Hauptstadt des neuen Reiches!«

Stoecker blieb nicht allein mit dieser Sicht der Dinge. Ihm zur Seite war der Bonner Theologieprofessor Theodor Christlieb (1833–1889) getreten. Sie baten Friedrich von Schlümbach, nach Berlin zu kommen.

Dort sagte ihm Hofprediger Stoecker: »Ihre Arbeit ist mehr als erwünscht! Aber machen Sie es nur nicht wie manche Ihrer englischen und amerikanischen Freunde. Die schaden mehr, als dass sie nützen. Konkret: Bleiben Sie nicht nur acht Tage, sondern lieber ein ganzes Vierteljahr, sogar noch besser ein halbes Jahr! Gehen Sie nicht in die frommen Säle der Stadt, sondern gehen Sie in die Vorstädte! Dort braucht es geistliche Anstöße! Laden Sie nicht durch Zeitungsannoncen ein! Wir wollen mithelfen, Einladungen persönlich an solche weiterzugeben, die das Evangelium brauchen. Und: Gehen Sie an Ihre Arbeit mit der Erwartung, dass es auf der ganzen Erde keine empfänglichere Bevölkerung geben könnte als in Berlin!«

Schlümbach schien skeptisch lächelnd den Kopf zu schütteln, als Stoecker den letzten Satz ausgesprochen hatte. Es dauerte jedoch keine vierzehn Tage, bis Schlümbach vor Freude strahlend dem Hofprediger berichtete: »Sie haben buchstäblich Recht! Ich kenne viele Großstädte. Aber kaum irgendwo habe ich eine so große Hörbereitschaft gefunden wie in den Arbeitervorstädten von Berlin!«

Angefangen hatte der Adlige von Schlümbach im Berliner Vergnügungslokal »Tivoli«. Dort nahmen an einem evangelistischen

Abend über 1500 Männer teil. Das war der Auftakt zu einer mehrwöchigen Evangelisationskampagne im entkirchlichten Arbeiterviertel Wedding. Die Massen strömten. Hofprediger Stoecker ließ es sich nicht nehmen, jeden der Abende selbst einzuleiten, dann aber ganz das Feld Schlümbach zu überlassen.

Natürlich gab es auch Widerstand, besonders aus den Reihen der Berliner Pfarrer. Gerade sie empfanden es als Vorwurf gegen ihre eigene Arbeit, dass man solch eine missionarische Arbeit überhaupt für notwendig ansah. Die Mehrzahl auch der Arbeiter sei doch getauft. Auch gab es den Einwand: »Die ganze methodistische Treiberei passt nicht hierher. Was brauchen wir hier im Kernland der Reformation eine evangelistische Massenpredigt? Das Reich Gottes gleicht doch einer von selbst wachsenden Saat! Schickt doch den Methodistenprediger so schnell wie nur möglich wieder über den Ozean zurück!«

1883 trat Schlümbach aus der Methodistenkirche aus, um ja nicht der Sache der Evangelisation mit dem Vorwurf »methodistischer Seelenräuberei« zu schaden. Sonst aber ließ er sich nicht aufhalten in dem, was er für Berlin als unverzichtbar erkannt hatte. Die vom Christenglauben Angesprochenen brauchten eine sie bergende Heimat, gerade auch die vielen heimatlosen jungen Menschen. Für sie wollte er einen Christlichen Verein Junger Männer ins Leben rufen. Gerade 16 Männer waren es, die sich von einer Zeitungsannonce ansprechen ließen, mit der zu einer Gründungsversammlung für einen CVJM auf den 22. Januar 1883 eingeladen worden war. Unter ihnen war der im Deutsch-Französischen Krieg schwer verwundete Forstmeister Eberhard von Rothkirch. Eigentlich hatte von Rothkirch den kleinen Kreis der Zusammengekommenen schon wieder verlassen wollen, als einer der anderen Teilnehmer seinen Namen für den Posten eines Vorsitzenden vorschlug. Später berichtete er von jenem Augenblick: »Ich erschrak bis ins tiefste Herz. Ich nannte Entschuldigungsgründe, es wurde eine lange Rede. Als ich mich wieder setzen wollte, fragte von Schlümbach: »›Sind Sie nun fertig?‹ – ›Ja!‹ – ›Nun, Gott kann für seine Arbeit auch Toren gebrauchen. Alle anderen Leute sind ihm zu klug. Gerade weil Sie meinen, nichts zu können und nichts zu wissen, sind Sie der richtige Mann. So kommen Sie in Gottes Namen und nehmen Sie das Amt an!‹«

Das war die Art Schlümbachs. Ganz ähnlich berief er Graf Pückler für eine Nacharbeit unter Erwachsenen im übel verrufenen Wedding. Er ließ nicht locker, bis der vermögende Gutsbesitzer Graf Pückler aus eigener Tasche ein ehemaliges Tanzlokal kaufte, das im Volksmund »Zum blutigen Knochen« hieß. Dort kam es unter der weisen seelsorgerlichen Begleitung von Graf Pückler zu einer rasch aufblühenden Sozialarbeit und zu einer intensiven Seelsorgeabteilung. Nicht genug damit! Der von Schlümbach entdeckte und an die Arbeit gestellte vornehme Eduard Graf von Pückler wurde zur Seele der Christlichen Studentenvereinigung in Deutschland, später einer der Hauptverantwortlichen für den Gnadauer Gemeinschaftsverband. Pückler war es, der wie ein Feldherr Ziele anpeilte und dann auch anging. Er wirkte auf eine besondere Jugendarbeit unter Gymnasiasten hin, vor allem aber auf die Gründung einer besonderen Ausbildungsstätte für zukünftige Evangelisten. Letztlich stand jedoch hinter alldem die impulsive Gestalt Schlümbachs.

Manchmal wollte es den bedächtigen Deutschen einfach zu viel sein, was Schlümbach ihnen zugemutet hatte. »Uns fiel das Herz nicht nur in die Hose, sondern sogar in die Schuhe«, so formulierte es im Rückblick Forstmeister von Rothkirch, als Schlümbach1883 Berlin wieder verließ. Was waren das für hektische Wochen gewesen! All die Evangelisationsversammlungen, die mancherlei Seelsorge, die schwierigen Gespräche mit kritischen Gemeindepfarrern, das Gründen von all den neuen Aktionen und das Berufen von Verantwortlichen für die neuen Werke! Von Rothkirch seufzte: »Na, da hat uns der liebe Schlümbach eine schöne Suppe eingebrockt!« Doch in den folgenden Jahren wurde die Nacharbeit keineswegs als beschwerliches »Auslöffeln« verstanden.

In seiner ganzen Auffassung war Schlümbach geprägt vom dynamischen Amerika. Er wollte nicht bis ins Kleinste erforschen und erforscht haben, was denn zu der deutschen Unkirchlichkeit geführt hatte. Vielmehr kannte er nur die drei Fragen: »Was sollte getan werden? Was können wir tun? Was wollen wir nun konkret anpacken?«

Besondere evangelistische Versammlungen für Männer hielt er für notwendig, weil er wusste: Wenn die Stuhlreihen zu zwei Dritteln von Frauen besetzt sind, dann lassen sich Männer nicht zu Glaubensvorträgen rufen. Aber er gab auch Anregungen für besondere Zusammenkünfte von Frauen, da er seit jenem Teegespräch mit der Frau seines ehemaligen Generals wusste, zu welch besonderen seelsorgerlichen Diensten gerade Frauen ermutigt werden müssen.

Zehn Jahre nach dem Notschrei des Hofpredigers Stoecker war der scheinbar so steinharte Ackerboden von Berlin für die Aussaat des Wortes Gottes »aufgepflügt«. Tausende von Jugendlichen und ehemals unkirchlichen Arbeitern waren durch die evangelistische Verkündigung angesprochen worden. Der Christenglaube war zum Stadtgespräch geworden. Es waren seelsorgerliche Auffangstationen für die neu Erreichten gegründet worden, besonders der Berliner CVJM in der Wilhelmstraße und die breit aufgefächerte Arbeit der Gemeinschaft St. Michael. Auf dem Gelände der Berliner Gewerbeausstellung wurde der Bau einer Evangeliumshalle vorbereitet. Evangelisation war zu einer deutschen christlichen Arbeitsform geworden, getragen durch den ehemaligen Missionar Elias Schrenk und durch die ersten Absolventen der neu gegründeten Evangelistenschule Johanneum in Barmen. Stoecker sagte aufatmend: »Es ist ein gewaltiger Evangelisationsexpress nach Deutschland hineingegangen; aber die Lokomotive hieß Friedrich von Schlümbach!«

Ein Troubadour im Dienst von Jesus

Es waren immer nur kurze Wochen und Monate, die Schlümbach in Deutschland verbringen konnte. Er wollte doch auch seine in

Amerika lebende Familie betreut und versorgt sehen. 1888 kam der amerikanische Evangelist noch einmal für kurze Zeit nach Deutschland. Noch einmal hielt er in Berlin Evangelisationsvorträge. Aber der Hauptgrund für sein Kommen nach Deutschland war seine angegriffene Gesundheit. Die alte Kriegsverletzung machte sich schmerzend bemerkbar. Sie erschwerte auch seinen Dienst als Gemeindepfarrer in der lutherischen Kirchengemeinde »Zum Schifflein Christi« in Cleveland. So suchte er Linderung in Bad Wildungen. Entscheidend hilfreich war die Kur jedoch nicht. Im Jahr 1901 befanden die Ärzte es für nötig, das Bein abzunehmen. Leider geschah das zu spät. Friedrich von Schlümbach erlag einer schmerzhaften Blutvergiftung.

»Fritz von Schlümbach«, so wurde er bei den Deutschen meist genannt. Noch besser war der andere Ehrentitel, der ihm hier und dort gegeben wurde. Er war kein »Maschinengewehr Gottes«, sondern »der Troubadour Jesu Christi«. Denn er hat Jesus angepriesen, so wie ein mittelalterlicher Minnesänger seinen Herrn besang. Schlümbach tat das mit seinem mitreißenden mächtigen Gesang, vor allem aber mit seinem Verkündigen. »Man muss Menschen für Jesus gewinnen wollen!«, das war seine Maxime. »Man muss nicht besser als die Pastoren predigen wollen, wohl aber schlichter, einfacher, konkreter, ausschließlicher auf Jesus bezogen!«

Hedwig von Redern (1866–1935)

Eine preußische Adlige im Dienst des größten Königs

Geistlicher Aufbruch unter dem preußischen Adel

Eine wichtige Brückenbauerin für Jesus war die aus blaublütigstem Adel stammende Hedwig von Redern. Über die meist armen brandenburgischen Gutsbesitzer wurde gewitzelt: »Vermögen haben sie selten! Dafür haben sie einen Stammbaum fast bis zum Hauptmann von Kapernaum!« Das traf auch für die von Rederns zu. In Ostelbien, zu dem auch Brandenburg und Pommern gehören, gab es einige große Güter von Adligen. Es gab sie jedoch nicht in Wansdorf, westlich von Berlin, das mehr als 500 Jahre lang Stammsitz der Offiziersfamilie von Redern gewesen war. In Wansdorf herrschte preußische Kargheit. Wonach Diebe nicht suchten, was aber trotzdem gehütet werden wollte – mehr noch als das Tafelsilber –, das war die Ehre der traditionsreichen Familie und die Treue zum preußischen König.

Jeder, der nur einigermaßen preußische Geschichte kennt, muss vor Ehrfurcht beinahe erstarren, wenn er die Namen der Familien hört, mit denen die von Rederns verwandt waren. So die Familien »von Guretzky-Kornitz«, »von der Marwitz«, »von Katte«, »die Edlen Ballan von Thiereck auf Rebenfels und Wranyck«. Erst recht aber, wenn noch die Namen derer dazugenommen werden, die im Leben der Hedwig von Redern eine Rolle gespielt haben. Denn zu ihrem Lebensbereich gehörten Graf Eduard von Pückler, Graf Andreas von Bernstorff, Curt von Knobelsdorff, Toni von Blücher, Margarete von Oertzen, Gräfin Waldersee, Oberstleutnant von Hassell, Frau von Bethmann, Frau von Mecklenburg, Jenny von Platho, Baronin Thüngen, Fräulein von Zitzewitz.

In dieser Welt des preußischen Adels hatte Jesus einen geistlichen Aufbruch gewirkt, einen Aufbruch zu biblischer Wahrheit, weg von der Überheblichkeit: »Wir Deutschen fürchten Gott und sonst nichts auf der Welt!« Stattdessen war ein Aufbruch hin zu der Gewissheit geschehen: »Ich bleibe dabei, ich glaube, dass Jesus Christus mein Heiland ist und dass ich mich seiner Gnade getrösten darf!«

In diesem Geist wuchs Hedwig auf. Ihr Vater, General von Redern, Herr auf Wansdorf, hatte seiner zehnjährigen Tochter Hedwig eine Bibel gewidmet mit dem Satz: »Zum fleißigen täglichen Gebrauch!« Doch das Glauben kann man nicht befehlen, noch nicht einmal als Vater oder General. Es war ein langer Weg für die – nach eigenem Bezeugen – »selbstgerechte, selbstsüchtige und hochmütige« Hedwig, bis sie endlich als 22-Jährige aus Überzeugung zu Jesus sagen konnte:

Hier hast du meine beiden Hände,
ich kann ja nichts aus eigner Kraft.
Du weißt den Weg, du weißt das Ende,
bring du mich aus der Fremdlingschaft!
Ach, leite mich mit deinen Augen
auf jedem Schritt durchs dunkle Tal.
Wie gar nichts meine Kräfte taugen,
ich fühl es täglich tausendmal!

Glaube, der nicht nur ererbt und auch nicht nur Gewohnheit war

Als heranwachsende junge Dame war Hedwig von Redern innerlich verhärtet und verbittert gewesen. Dazu hatte auch beigetragen, dass der geliebte Vater ganz plötzlich verstorben und das heimatliche Schlossgut einer Brandkatastrophe zum Opfer gefallen war. Zum Wiederaufbau der Heimat war kein Geld da. Die verwitwete Mutter musste eine beengte Wohnung in Berlin nehmen. Hedwig haderte mit Gott. Sie wurde fast ungenießbar für Menschen, die mit ihr zusammen sein mussten.

Aber dann erlebte sie, dass Jesusnähe auch Verbitterung heilen kann – auch Verbitterung gegen Gott. Vieles wirkte dabei zusammen: neben den evangelistischen Vorträgen des ehemaligen Basler Missionars Elias Schrenk und den Predigten des alten Generalsuperintendenten Theodor Braun auch die Hauskreise der eben durch Graf Pückler gegründeten Berliner Gemeinschaft St. Michael. Diese Gemeinschaft schuf sich ein eigenes Liederbuch mit Liedern voll Jesusliebe. Die Lieder waren gestimmt auf die Einladung, mit einem Leben mit Jesus Ernst zu machen. Hedwig von Redern durfte beim Redigieren dieses Liedbandes mithelfen. Sie wurde auch eingeladen, in der eben gegründeten Sonntagsschule des Grafen Bernstorff mitzuwirken. Das wurde für sie selbst zu einer Schule, in die Fülle der Bibel hineinzufinden.

»So wie eine Blume sich der Sonne zuwendet, so habe ich mich Jesus zugewandt«, so bekannte die Adlige später. Zwar war sie sich unsicher, ob das überhaupt eine richtige »Bekehrung« gewesen war. Sie konnte doch – wie das offenbar manche Christen als Ausweis einer »echten Bekehrung« ansahen – keinen Tag und keinen Zeitpunkt angeben, an dem sie sich Jesus bewusst zugewandt hatte. Graf Bernstorff tröstete sie jedoch mit einer Geschichte, die er beim englischen Evangelisten Spurgeon gehört hatte: Eine einfache Frau hatte alle nur denkbaren Behörden abgeklappert, um einen gültigen Geburtsschein zu erhalten. Sie wollte endlich einmal herausbekommen, an welchem Tag sie eigentlich geboren war. Niemand jedoch konnte ihr diesen Tag nennen. Aber bestreiten konnte und wollte ihr auch niemand, dass sie überhaupt am Leben war!

Auch Hedwig von Redern war »am Leben«, am Leben aus Gott. Das war offenkundig! Voll Eifer war sie mit von der Partie bei Krankenbesuchsdiensten im Moabiter Hospital; sie wirkte mit bei der seelsorgerlichen Betreuung von Droschkenkutschern und von Briefträgern, auch von Polizisten. Später kam noch die Arbeit unter Zigeunern dazu.

Sie lernte, Verständnis dafür aufzubringen, dass Christen in ihrer Mentalität total verschieden sein können: Neben dem Feuergeist Graf Pückler gab es in Berlin den langweilig scheinenden, aber wohltuend ausgeglichenen Grafen Bernstorff und den noch im weißen Haar jünglingshaften CVJM-Pionier von Rothkirch. Sie alle ertrugen einander und wollten als unterschiedliche Charaktere ertragen sein. »Fräulein von Redern« – wie man damals sagte – lernte in Berlin auch Georg Müller, den Waisenhausvater von Bristol, und Hudson Taylor, den Gründer der China-Inland-Mission, kennen. Sie waren keine Adligen dem Blute nach, aber sie waren geadelt durch den lebendigen Gott! Sie waren in Dienst genommen durch den größten König.

Besonderes bei Hedwig von Redern

Besonders war bei Hedwig von Redern zunächst einmal ihr Schreibtisch – und das, was darauf entstand. Einst hatte sie den Schreibtisch als liebstes Konfirmationsgeschenk erhalten. Zuerst war darauf etwas arg gefühlvolle Jungmädchenpoesie entstanden. Das neue Leben aus Gott belebte und prägte auch die ihr verliehene dichterische Ader. »Heta«, wie sie von Freunden genannt wurde, wollte nichts anderes mehr sein als »eine Feder in Gottes Hand«. Unter ihren Gedichten stand deshalb nie ihr voller Name, sondern immer nur die Abkürzung »H. v. R.«. Zum Druck von Bändchen mit ihren Gedichten gab sie erst dann ihre Zustimmung, als Besuche in Hospitälern und bei Einsamen ihr deutlich gemacht hatten: Es ist hilfreich, wenn der Besuchende etwas als Gruß überbringen kann, als Trost – und auch als Anstoß, mit dem sich die Gedanken beschäftigen können. Das erste solcher Gedichtbändchen hatte den Titel »Schlichte Lieder für schlichte Leute«. Wie arm wäre die Christenheit ohne die Lieder der Hedwig von Redern geblieben, ohne das:

Weiß ich den Weg auch nicht, du weißt ihn wohl;
das macht die Seele still und friedevoll!

Wie wichtig ist es bis heute, dass Christen bewusst gemacht wird:

Wir haben einen Tröster voll heiliger Geduld,
wir haben einen Helfer von liebevoller Huld.
Wir haben eine Freude, die niemand von uns nimmt.
Wir haben eine Harfe, vom König selbst gestimmt.

Wie arm blieben Menschen ohne den Ausblick:

Wenn nach der Erde Leid, Arbeit und Pein
ich in die goldenen Gassen zieh ein,
wird nur das Schau'n meines Heilands allein
Grund meiner Freude und Anbetung sein!

Graf Bernstorff, der väterliche Seelsorger, erkannte Hetas besondere Formuliergabe. Zuerst bat er sie um erzählende Beiträge für seine Zeitschrift, dann um Traktate und Weihnachtshefte, schließlich um den Kalender »Zeit und Ewigkeit«, den sie 33 Jahre lang redigierte. 36 Jahre lang gab Hedwig von Redern auch ein viel gelesenes CVJM-Jungscharblatt heraus. Sie war jahrzehntelang Herausgeberin einer Zeitschrift für christliche Polizisten und des christlichen Wochenblattes »Die Warte«.

Es ist eigentlich unvorstellbar, wie Hedwig von Redern das neben den Aufgaben in Besuchsdiensten, in Kreisen und Gruppen alles leisten konnte. Offensichtlich wuchsen die Kräfte von Hedwig von Redern mit dem, was ihr aufgetragen wurde. Sie ließ sich auch nicht durch Widerstände oder Enttäuschungen lähmen, etwa als sie aus der ihr so lieben Krankenbesuchsarbeit hinausgedrängt wurde, weil Pastoren ihr die Qualifikation und auch die Legitimation als Seelsorgerin absprachen. Sie hatte weder Zeit noch Kraft, um auf Unerfreuliches zu reagieren. Sie war völlig ausgefüllt damit, zu agieren.

Hedwig von Redern war keinen Augenblick lang davon überzeugt, dass Jesus froh sein müsste dafür, dass sie zu vielfachem Einsatz bereit war. Vielmehr war sie froh, dass Jesus sie damit würdigte, dass er ihren Dienst überhaupt gebrauchen wollte.

Hedwig von Redern war so etwas wie ein Medien-Multi-Genie. Sie entdeckte Gestalten der Kirchen- und der Gottesgeschichte, die den meisten Christen aus dem Gesichtsfeld entschwunden oder völlig missdeutet worden waren. Sie wollte das Glaubensanliegen dieser Frauen und Männer neu herausstellen. Zu ihnen gehörten auch Hildegard von Bingen, Katharina von Siena, Nikolaus von der Flüe – ja, sogar Katholiken waren darunter – und auch exzentrisch scheinende Gestalten, »unregelmäßige Verben« wie die baltische Adlige Juliane von Krüdener und Madame Guyon. Mit alledem wollte Hedwig von Redern anschaulich machen: Das »Christus in uns« – das Bleiben in Christus – kann auf sehr unterschiedliche Weise in einem Menschenleben Wirklichkeit werden. Es ist kein mystischer Traum, dass man »in Christus bleiben« kann, so wie die Rebe im Weinstock ist. Unter den so neu Erforschten und durch Frau von Redern Beschriebenen waren auffallenderweise sehr viele Frauen. Denn Hedwig von Redern hatte feinfühlig erspürt: Es darf doch nicht totgeschwiegen werden – zum Schaden für die ganze Christenheit! –, was Jesus seit seinen ersten Nachfolgern unter einfachen, aber auch unter »edlen Frauen« getan hat!

Hedwig von Redern machte sich die Mühe intensiven Quellenstudiums. Sie wollte nichts in die von ihr dargestellten Gestalten hineinlesen. Vielmehr wollte sie die Frauen und Männer selbst noch einmal zu Wort kommen lassen. Dabei entdeckte sie: »Welch ein gemeinsames Band verbindet die Glaubenszeugen aller Zeiten, aller Länder, aller Stände! Ja, dies Band verbindet Christen von einst mit uns, die wir heute leben. Wir werden einander so nahe gerückt, dass man meinen könnte, wir könnten denen die Hände reichen, die vor uns den Namen Jesu zu verherrlichen trachteten. Unsere Christen-Gegenwart wurzelt in der Vergangenheit. Wir bauen auf dem Grund, den andere vor uns legten – mit vielen Kämpfen und großem Glaubensmut! Das Reich Gottes bildet ein zusammenhängendes Ganzes!«

Hedwig von Redern wollte dies herausstellen: die Verbundenheit der Jesusleute quer durch die Jahrhunderte, aber auch hinaus über die merkwürdigen Grenzen der Kirchentümer und der unterschiedlichen Frömmigkeitsformen. Ihr ging es um das, was das Stichwort »Ökumene« *eigentlich* meint. Heute wird das leider so oft völlig missdeutet und darum auch missverstanden! Es geht doch nicht um einen christlichen Weltkirchenkonzern!

Sondern es geht um die Verbundenheit derer, die Jesus als Gott und Heiland bekennen und die sein Reich in dieser Welt ausbreiten wollen. Es geht um die weltweite Familie von Jesus. Dies Anliegen war immer zuerst bei bibelgegründeten Jesusleuten zu Hause. Hedwig von Redern war wie vorherbestimmt dafür, für solch ein Zusammenwachsen der großen Christusfamilie Bahn zu brechen. Davon sprechen auch die Strophen eines ihrer Gedichte:

Nicht geht es um ›Denken‹, um ›Meinen‹!
Es geht um das ewige Reich!
Hinweg drum mit Zagen und Träumen!
Es ist keine Zeit zu versäumen:
Der König kommt eilend, kommt gleich!

Ach kommt, reicht euch liebend die Hände!
Es geht um sein Reich und um die Kron'.
Hört's doch: Soll er um euch weinen?
Der König will euch doch recht einen!
Bringt euch nicht um ewigen Lohn!

Das war kein politischer Aufruf zur Einigkeit im zusammenwachsenden neuen deutschen Kaiserreich! Vielmehr sprach sich in diesen Versen das brennende Anliegen einer preußischen Adligen aus: Das Volk *Gottes* darf sich nicht länger so viel Nebeneinander, ja sogar Gegeneinander leisten! Der König Jesus will dringlich, dass seine Leute zusammenrücken und beisammenbleiben!

Verbundenheit unter den Leuten von Jesus, aber nicht um jeden Preis

Hedwig von Redern hatte die Gabe, Kontakte zu schaffen. Dazu half zuerst einmal ihre phänomenale Sprachbegabung. Als Simultandolmetscherin wurde sie oft zu großen Konferenzen gerufen. Dann konnte sie so im Feuer sein, dass sie manches Mal schneller war als die Rednerinnen und Redner. Sie konnte sich eben kongenial hineindenken in deren Anliegen, gerade dann, wenn diese ohne Manuskript in freier Rede sprachen. Die Redner konnten dann nur etwas perplex feststellen: »Oh, you got it already!« (»Ach so, Sie haben das schon übersetzt!«)

Zum andern hatte Hedwig von Redern eine durch und durch weibliche, zugleich aber fürstliche Begabung, Menschen anderer Sprachen und Prägungen in ihrer Eigenart ernst zu nehmen und wertzuschätzen. Dafür war die 1897 in der neu erbauten Evangeliumshalle von Bad Blankenburg stattfindende Allianzkonferenz ein Elementarerlebnis. Von diesem Augenblick an förderte Hedwig von Redern die Bestrebungen der Evangelischen Allianz, so viel sie nur konnte.

Unkritisch war sie jedoch dabei nicht. Als sie 1906 bei der englischen Glaubens-Konferenz in Keswick zu Gast war, spürte sie hellwach: »Ein ungewohnt neuer Geist ist im Anzug!« Damals wurde viel von einer neuen Ausgießung des Heiligen Geistes geredet. Man berichtete davon, was in Wales und was erst recht in Kalifornien geschehen sein sollte. Heta bekam all den Lärm und all die geradezu treiberische Unruhe auf der Konferenz mit. Aber sie blieb bei alledem innerlich so unsagbar traurig und leer, weil sie so wenig biblisches Schwarzbrot zugeteilt bekommen hatte. Ein Jahr später war die »Pfingst«-Welle in Deutschland angekommen, vor allem in Kassel. Hedwig von Redern schrieb damals in ihr Tagebuch: »Den Nüchternen wird klarer und klarer: Satan sucht seine Beute unter der Gemeinde Jesu! Wie oft sagt man mir: ›Du musst doch einfach solche Versammlungen mitmachen, um dir ein Urteil zu bilden!‹ Nein! Nein! Wenn Gott es so fügt, dann können zwar seine Leute auch in des Löwen Rachen springen. Aber doch nicht aus Interesse; das schließt doch so viel Neugier ein!«

Kurz: Hedwig von Redern, die es so sehr nach Gemeinschaft mit anderen Christen verlangte, musste unter Schmerzen die Verbindung mit solchen aufgeben, die sich geradezu blind-fanatisch den sogenannten »Pfingst-Segnungen« ausgeliefert hatten.

Es wird ja heute manchmal so getan, als sei damals dieser Riss, der dann schließlich durch die »Berliner Erklärung« endgültig gemacht wurde, auf die leichte Schulter genommen worden. Aber damals wurde doch nicht aus pharisäischer Überheblichkeit und in selbstsicherer Blindheit abgeblockt, dass Gott Segnungen gewährt. Ach was! Diese Trennung wurde notvoll erlitten! Aber sie musste sein – um der Ehre des gekreuzigten Jesus willen! Hedwig von Redern hat das glasklar herausgestellt: »Im Alten Bund überschüttete Gott seine Leute mit Gütern und mit Glückseligkeit. Er tat das im gleichen Maße, wie er sie zuvor hart geprüft hatte. Im Neuen Bund ist es anders! Jesus hat zu unserem Heil seine Seele ausgehaucht. Ihm müssen seine Dienerinnen und Diener gleich werden. Darum erhebt er sie nicht aus dem Staub. Sondern er lässt sie während ihres Lebens in Kreuz, Hohn und Verfolgung. Erst in der Ewigkeit wird uns klar werden, dass Gott uns auf diese Weise seinem geliebten Sohn Jesus gleichgestalten will.« Davon spricht auch die Strophe, die »Heta« gedichtet hat:

Nur in tiefster Leidensglut, da zerschmilzt das eigne Leben,
da wird uns die Kraft gegeben und des Glaubens Siegesmut!
Da geschieht im Geist, dem wahren, Gottes heil'ges Offenbaren!

Sie konnte »Ja« sagen zu dem Platz, an den sie sich gestellt wusste.

Was Leiden ist, das hat Hedwig von Redern am eigenen Leib und auch an der eigenen Seele erlebt. Dreimal musste sie sich schwersten Operationen unterziehen. Wie lange hat sie sich geplagt, bis sie endlich den Eingriffen zustimmte! Wie hat sie mit ihrem Bruder gelitten! Sie führte seinen Haushalt – neben all ihren Aufgaben –, zuerst in Wiesbaden, dann in Gumbinnen, im entlegensten Ostpreußen. An beiden Stellen wurde ihr Bruder aufgrund der damaligen politischen Wirren aus hoher Regierungsverantwortung entlassen.

Aus Gumbinnen wurde der Bruder sogar ausgewiesen. Mit ihm musste auch Hedwig wieder einmal ihre Koffer packen. Sie hat auch noch miterlebt, wie ein geliebter hochbegabter Großneffe bei einem Flugzeugunfall umgekommen ist. Aber den wohl schmerzlichsten Einschnitt bedeutete das Sterben der heiß geliebten Mutter; sie war so etwas wie ihr zweites Gewissen gewesen. Die letzte Station ihres von so vielem Reisen geprägten Lebens war Potsdam. Dort ist sie im Mai 1935 nach schwerstem Leiden verstorben.

»Der König kommt eilend, kommt gleich!« Damit hat die adlige Dienerin des Jesus von Nazareth zeit ihres Lebens gerechnet. Darauf hat sie gehofft. Sie hat mit der baldigen Wiederkunft ihres Herrn gerechnet. Aber ihr Herr sollte sie an der Arbeit finden. Anders, als sie es sich erhofft hatte, hat sie es dann durchs Sterben hindurch erlebt:

Wenn dann die Gnade, mit der ich geliebt,
dort eine Wohnung im Himmel mir gibt,
wird doch nur Jesus und Jesus allein
Grund meiner Freude und Anbetung sein.

An Hedwig von Rederns Lebensbild würde jedoch ganz Entscheidendes fehlen, wenn nicht erwähnt würde: Sie war Mitbegründerin des Bibelhauses Malche und auch Mitbegründerin und entscheidender Motor des Frauen-Missions-Gebetsbundes. Frauen sollten fähig gemacht werden zu qualifiziertem Wirken in Gemeinde und Gemeinschaft samt Weltmission. Dazu sollte die Ausbildungsstätte Malche im Oderbruch dienen! Selbst die qualifizierteste Ausbildung kann jedoch ein Schlag ins Wasser werden, wenn Jesus sie nicht zu seiner Sache macht. Hedwig von Redern hielt nichts von der blasiert-selbstsicheren, ja vermessenen Erwartung: »Jesus wird uns dann ja schon segnen!« Das klang ihr zu sehr nach dem überheblichen Satz: »Gott verlässt keinen ehrlichen Preußen!« Nein, Jesus hat seine Leute zu beten gelehrt: »Vater, dein Reich komme!« Jesus selbst hat sogar sein Erlösungswerk ins Gebet eingebunden. So wollte Hedwig von Redern auch

Menschen, vor allem Frauen, durch Beten in das Werk der Weltmission einbinden. Auch sollten die Missionarinnen eingebunden sein in die Fürbitte eines großen Kreises von Mitbetenden. Der sollte durch Gebet, durch Dank und durch Bitte, aber auch durch informiertes Anteilnehmen und durch finanzielles Mittragen mit hineingenommen sein in den unvollendeten Auftrag von Jesus zur Weltmission.

Bei alledem war Hedwig von Redern immer wieder bereit, die »zweite Geige« zu spielen. Sie wollte nicht leiten, nicht repräsentieren, sondern sie wollte arbeiten. Nichts anderes als »personifizierte Nothilfe« wollte sie sein! Darum konnte sie auch andere dazu ermutigen:

Du stehst am Platz, den Gott dir gab,
dem Platz, den er dir zugedacht;
dort nur bleibt er dein Schild und Stab,
dort gibt er Frucht, dort wirkt er Macht.
Will er dich segnen, sucht er dich nicht
in der ganzen weiten Welt;
er sucht dich nur an deinem Platz, dem Platz,
wo er dich hingestellt!

Fürstin Sophie Lieven (1880–1964)

Eine Adlige als Dienerin von Jesus

Sie wollte dort sein, wo Jesus um Menschen warb

Fürstin Sophie Lieven war am Ende des Jahres 1880 in St. Petersburg in eine überaus reiche, vor allem aber hochadelige Familie hineingeboren worden. Im Festsaal des elterlichen Palais spiegelten sich die Kerzen der Kronleuchter in den kostbaren Malachit-Verkleidungen der Säulen und der Wände. Aber mit alledem brüstete sich Fürstin Lieven nie. Auch wollte sie kein großes Aufsehen darum gemacht haben, dass ihr brutale Erniedrigungen zugefügt worden waren – schon im zaristischen Russland, aber erst recht während und nach der bolschewistischen Revolution. In den Vorträgen, zu denen sie nach der Emigration aus Russland eingeladen worden war, wollte sie nicht lange von der eigenen Gefängniszeit, von der Emigration in die französische Fremde und von Jahren unvorstellbaren Hungerns erzählen. Vielmehr war dies ihr eigentliches Thema, wie Menschen Christen werden und Christen bleiben können. Sie wollte dort sein, wo Jesus um Menschen warb.

Besonders wichtig war ihr, dass russische Menschen die Bibel in die Hand bekommen können. Denn nur durch die Bibel könne erkannt werden, dass Christus das entscheidende »Wort Gottes« ist. Dies sollten Menschen hören können; dem sollten sie gehorchen können. Dieses Zutrauen zur Bibel hatte sie Verbindung aufnehmen lassen mit dem Missionsbund »Licht im Osten«. Dieser hatte in den Jahren nach dem Zweiten Weltkrieg seine Bleibe in Korntal gefunden. Dort wurde Fürstin Lieven bald Mitglied im erweiterten Vorstand. Und weil sie sich unter den kleinen Leuten, die Jesus echt nachfolgen wollen, wohlfühlte, zog es sie immer wieder nach Korntal. In Korntal wollte sie auch bestattet sein. So fand sie im Herbst 1964 ihr Grab auf dem »Neuen Friedhof«. Dort bezeugt bis heute im Nordwesten des Gottesackers ein schlichter Grabstein: »Christos woskress! Christus ist auferstanden!«

Christus hat auch für russische Menschen Gottes Wort gegeben

Die russisch-orthodoxe Kirche war und ist tief religiös. Voll Andacht schätzen die Gläubigen würdige Gesänge, anbetende Liturgie, Weihwasser und das Kreuzschlagen, Beichte und Ikonenverehrung. Auch die Bibel wird geküsst, verehrt, ja sogar gelesen, jedoch in kaum verständlicher alt-slawischer Sprache. Christus als der Beherrscher des Alls und auch als der menschenfreundliche Bruder jedes Adamskindes ist in der Mitte jeder Bilderwand der Kirchen vor Augen gestellt. Das über tausend Jahre alte Christentum in Russland lebt. Es hat schreckliche Zeiten des Mongolensturms, der bolschewistischen Gottlosenpropaganda und der stalinistischen Christenverfolgung überstanden.

Aber gerade dann, wenn man die orthodoxe Frömmigkeit hoch achtet, muss man umso schmerzlicher ihre Bibel-Armut beklagen. Denn Jesus hatte den Menschen jene Worte weitergegeben, die Gott ihm anvertraut hatte. Gottes Worte aber sind voll ewigen Lebens, sie schaffen Leben. Das »Wort des Christus« kann sogar religiöse Menschen neu beleben, verändern und zu lebendigem Christusvertrauen bringen. Das ist auch in Russland voll Staunen erlebt worden.

Da war etwa im und ums Schloss Pawlowsk eigenartiges Leben aufgebrochen: Schulen, auch für die Landbevölkerung, entstanden, landwirtschaftliche Versuchsgüter wurden angelegt, Hospitäler und Kinderheime wurden gebaut. Der geheime Motor dieses Aufbruchs war die Großfürstin und spätere Zarin Maria Feodorowna (1759–1828), eine gebürtige württembergische Prinzessin. Sie hatte aus ihrer Heimat die Bibel mitgebracht und Andachtsbücher, die Sitte sonntäglicher »Stunden« und das Wissen: »Summa summarum: Christus oder Verzweiflung«, so hatte es ihr Seelsorger Lavater formuliert.

Katharina die Große hatte ihrem Enkel Alexander I. (1777–1825), dem ältesten Sohn dieser Maria Feodorowna, deren ganze Frömmigkeit als »mystisch« madig gemacht. Aber als Napoleon 1812 Russland überfallen hatte und Alexander als junger Zar in größter Not war, entdeckte er bei dem befreundeten Fürsten Galitzin (1773–1844) eine aufgeschlagene Bibel. In ihr fand er Trost. Mit ihr schöpfte er Hoffnung. Nur wenige Monate danach befahl er die Gründung einer Bibelgesellschaft für Russland. In ihr wurden während der darauffolgenden zehn Jahre fast eine dreiviertel Million Bibeln gedruckt und unter das Volk gebracht, und zwar in 43 der in Russland gesprochenen Sprachen. Von der Bibel geprägte Christuszeugen wie Ignaz Lindl (1774–1845) und Johannes Evangelista Gossner (1773–1858) wurden als Verkündiger nach Petersburg geholt. Sie lösten um 1820 eine geistliche Erweckung bei Arm und Reich aus, unter Lutheranern, Katholiken, aber auch unter Orthodoxen.

Die russisch-orthodoxe Kirche jedoch hatte und hat das Selbstverständnis, nur sie allein habe das Monopol für den Christenglauben. Sie erzwang darum vom Zaren die Auflösung dieser Bibelgesellschaft, die Versetzung von Lindl und die Ausweisung von Gossner. Die mit den Bibeln ausgestreute Saat war jedoch nicht mehr zu ersticken.

Der nächste Bibel-Impuls ging von den meist schwäbischen Kolonisten in Südrussland aus. Viele von ihnen hielten mit ihrer Familie und auch mit dem Gesinde Morgen- und Abendandachten und am Sonntagmittag eine »Stunde«. Nicht wenigen der russischen Saisonarbeiter imponierte das so sehr, dass sie auch nach dem Heimkommen zu ihren Familien diese Sitte beibehielten. Seitdem in Russland Bibeln gedruckt worden waren, konnten sie ja in ihrer Sprache gehaltene Bibelausgaben erwerben und benutzen. Um 1850 bezeichnete die orthodoxe Kirche diese russischen Hausbibelkreis-Leute als »Stundisten«. Mit diesem dem Deutschen entlehnten Begriff wollte man sie als »importierte Schädlinge« diffamieren. Den Gouverneuren jener südrussischen Regionen fiel jedoch überaus positiv auf, dass diese »Stundisten« nicht dem Alkohol verfielen und in ihren Berufen tüchtig waren, dass man ihnen verantwortungsvolle Aufgaben anvertrauen konnte und dass sie »niemanden ungetröstet sterben ließen«. In aller Stille breitete sich diese Bewegung trotz mancher Gegenmaßnahmen der orthodoxen Kirche immer mehr aus.

1874 brach in Petersburg erneut eine Erweckung aus. Schlüsselpersonen waren vor allem zwei deutsch-baltische Schwestern aus der Familie von Pahlen: die Fürstin Gagarin und Fürstin Natalie Lieven. Auch der kaiserliche Hofmarschall Graf Modest Korff, Verkehrsminister Bobrinskij und der überaus reiche und hoch angesehene Gardeoberst Paschkow stießen zum Kreis der Verantwortlichen in der neuen Bewegung. Es war eine richtig kosmopolitische Gesellschaft, in der mehr Französisch als Russisch gesprochen wurde.

In diesen Freundeskreis des Hochadels wurde der englische Lord Radstock (1833–1913) eingeladen. Es muss packend gewesen sein, wenn er die Bibel auslegte. Es entstand eine tiefgehende geistliche Bewegung unter der höheren Gesellschaft von Petersburg, die doch verwöhnt war durch Reichtum und Lebensgenuss und die vielfach auch verführt war zu Leichtsinn. Es wurde deutlich, dass es sogar in Russlands meist sich so snobistisch gebendem Hochadel viel Verlangen gab nach biblisch geprägtem Glauben und auch viel Bereitschaft zu praktizierter Nächstenliebe. Es begann eine breit gestreute Sozialarbeit unter Verarmten, Kranken und Gefangenen. Mit der Zeitschrift »Der russische Arbeiter« wurden viele Bibelgläubige weit über Petersburg hinaus erreicht. Unter der Asche wurde plötzlich viel Glut erkennbar! Es wurde offenkundig, dass auch für russische Menschen das Wort des Christus eine Macht war.

Fürst Lieven, Oberzeremonienmeister bei Alexander II. (1818–1881, Zar seit 1855), stellte gerne die Räume seines Palais für die Zusammenkünfte der neuen Bewegung zur Verfügung. Er war eng vertraut mit dem Zaren, dem »Bauernbefreier«. Dieser Zar hatte 1863 die Russische Bibelgesellschaft wieder neu eröffnet. Zar Alexander II. wurde jedoch durch ein Bombenattentat von Nihilisten ermordet. Fürst Lieven brach darüber das Herz. Er folgte dem Zaren im Tod nach. Fürstin Natalie Lieven, geb. von Pahlen, blieb als Witwe mit zwei Söhnen und drei Töchtern im

Petersburger Palais wohnen. Fürstin Sophie war der Familie 1880 als jüngste Tochter geboren worden. Äußere Sorgen brauchte die Familie nicht zu haben. Im Innern des weiten Russischen Reiches sowie im Baltenland besaßen sie große Güter. In Kurland lag nicht weit von der Landeshauptstadt Mitau ihr Gut Mesoten. Am liebsten weilte die verwaiste Familie im lieblich gelegenen Kremon, einem kleinen Gut in der »livländischen Schweiz«.

Im Palais Lieven überwinterte die verfolgte Erweckungsbewegung

Argwöhnisch beobachtete Konstantin Petrowitsch Pobjedonoszew, der Oberprokuror des »Heiligen Synod«, also der Leiter der orthodoxen Staatskirche, die neue religiöse Bewegung der Evangeliumschristen. Er war ein glühender Nationalist, für den »russisch« und »orthodox« dasselbe waren. Sein Argwohn schlug in Hass, ja in Zorn um, als er hörte, dass die Petersburger Erweckung Kontakt aufgenommen hatte mit den Evangeliumsgläubigen Russlands, also mit Stundisten, aber auch mit Baptisten, mit Mennoniten, ja sogar mit Molokanen und Duchoborzen. Eine Glaubenskonferenz, zu der aus allen Teilen Russlands Vertreter der »evangelischen Bewegung« eingeladen worden waren, ließ Oberprokuror Pobjedonoszew am dritten Tag durch die Geheimpolizei auflösen.

Ein Prozess gegen Oberst Paschkow und Graf Korff sowie ihre Freunde wurde eingeleitet. Weil sie nicht versprechen wollten, ihre evangelistische Tätigkeit einzustellen, wurden Paschkow und Korff aus Russland ausgewiesen und ihre Güter konfisziert. Bobrinskij wurde auf seine Güter auf der Krim verbannt.

Trotzdem ließ sich Fürstin Lieven nicht davon abhalten, die Versammlungen zu beherbergen. Alexander III. (1845–1894, Zar seit 1881) ließ ihr durch einen Adjutanten mitteilen, dass Seine Majestät das nicht wünsche. Die Fürstin ließ voll Hoheit den Gesandten wissen: »Fragen Sie doch Seine Majestät, ob ich ihr oder meinem Herrn Jesus Christus gehorchen soll.« Feinde der Familie rieten dem Zaren, hart durchzugreifen. Als ritterlicher Mann sagte er jedoch: »Sie ist eine Witwe, lasst sie in Frieden!« Fürstin Sophie Lieven kommentierte den Vorgang so: »Der Kaiser war ein gottesfürchtiger Mann, wenn er auch ganz andere religiöse Ansichten als wir hatte. Vor allem aber hat Jesus gezeigt, dass es bis heute wahr ist: ›Meine Kraft ist in den Schwachen mächtig!‹«

Jesus hatte es so gelenkt, dass noch jahrelang die Versammlungen im Palais Lieven stattfinden konnten. Die Zahl der Teilnehmer wuchs trotz der polizeilichen Überwachung. Die Zusammenkünfte erinnerten an die Zeit, als die erste Christengemeinde sich in den Katakomben Roms versammelte. Die Fürstin wollte aber auch nicht provozieren. Deshalb wurden die Versammelten am Ende der Gottesdienste gebeten, nur jeweils »zwei und zwei« das Palais zu verlassen. Hin und wieder ließ dann ein Polizeioffizier die Fürstin wissen: »Ich bin sehr zufrieden mit Ihnen!« Das war die Welt, in der die junge Fürstin Sophie aufwuchs.

Stationen auf dem Weg mit Jesus

Schon als Kind half Sophie beim Kindergottesdienst im Palais Lieven mit. Besonders eindrücklich war für sie, als sich an einem Abend des Jahres 1892 im Palais Lieven die Tür auftat. Völlig überraschend trat der aus Russland verbannte Oberst Paschkow ein. Ausnahmsweise war ihm gestattet worden, seinen schwer erkrankten Sohn in Petersburg zu besuchen. Die große Versammlung erhob sich wie ein Mann, als der würdige Märtyrer eintrat. An seine Ansprache konnte sich die damals zwölfjährige Sophie später nicht mehr erinnern, aber an einen Satz des Gebetes, mit dem er seine kurze Ansprache abschloss: »Herr, zeige ihnen, wie Großes du hier in Russland mit einer Handvoll Menschen tun kannst, die dir völlig ergeben sind!«

Auch die 14-jährige Fürstin Sophie wollte Jesus ganz und echt gehören. Dazu half ein Gebet der fürstlichen Mutter Natalie. Sophie begriff zuerst gar nicht, dass die Mutter wirklich mit Gott über sie sprach; über die Tochter nämlich, die ihr Sorgen gemacht hatte. Es war wie ein Aufwachen bei Sophie: Sie wollte nun wirklich aus einem Gewohnheits-Christentum herauskommen und hineinwachsen in eine enge Verbindung mit dem lebendigen Jesus. Praktisch wirkte sich das so aus, dass sie sich den diakonischen und missionarischen Aufgaben stellte, die in der Petersburger Erweckungsbewegung anfielen: von der Mitarbeit in den Suppenküchen und Wäschereien bis hin zum Traktatverteilen und zu Krankenbesuchen. Auch sammelte Sophie junge Mädchen zu einem Jugend-Bibelkreis, der immer wieder auch an Krankenbetten geistliche Lieder sang.

Als 1905 eine erste Revolutionswelle über Russland hinwegschwappte, weilte die Fürstenfamilie gerade auf ihrem livländischen Schlossgut Kremon. Zwei Gärtnergehilfen zogen eine rote Fahne auf. Sophie und ihre Schwester ließen sich nicht schrecken. Vielmehr luden sie die beiden Revolutions-Mitläufer zur abendlichen Bibelstunde ein. Einen Augenblick überlegten sich jedoch die Schwestern, ob sie nicht auf einen anderen Bibelabschnitt ausweichen sollten; denn in der fortlaufenden Reihe war das Wort aus dem Jakobusbrief dran: »Ihr Reichen, weint und heult über das Elend, das über euch kommen wird. … Siehe, der Lohn der Arbeiter, die euer Land abgeerntet haben, den ihr ihnen vorenthalten habt, der schreit!« (Jakobus 5,1-4) Aber dann blieben sie bei diesem vorgesehenen Bibelwort. Das Ergebnis war, dass die beiden Gärtner baten, eine Bibel zu bekommen; denn »wenn solche Sachen in der Bibel stehen, dann lohnt es sich, sie zu lesen!«

Später fiel Sophie und ihrer Schwester (die dritte Schwester war an Folgen eines Unfalls verstorben) die Not der oft unschuldig Inhaftierten auf die Seele – und auch erst recht die Not der Strafentlassenen. So begannen sie mit Gefangenenbesuchen. Sie schufen auch eine Werkstatt für Strafentlassene. In ihr wurden Särge hergestellt, nach denen in Petersburg damals gerade große Nachfrage bestand. Überhaupt wurde eine Art von Sozialwerk ins Leben gerufen. Die Oberaufsicht führte der deutsche Arzt Dr.

von Mayer. Er hatte eine unendliche Geduld mit den bekehrten Damen der vornehmen Gesellschaft und mit ihren oft unrealistischen und einander widersprechenden Ansichten. Sophie Lieven berichtete: »Jede von ihnen war von edler Gesinnung, warmherzig, lebhaft und originell. Jede hatte sich aufrichtig zum Herrn bekehrt. Aber es mag uns allen wohl noch etwas an der Heiligung gefehlt haben. Mit Gebet wurden die Sitzungen begonnen und beendet. Aber dazwischen waren sie meist stürmisch. Dr. von Mayer sagte immer wieder: ›Herrlich interessant‹!«

In jenen Jahren vor dem Ersten Weltkrieg war die Hoffnung erloschen, der russische Staat könne endlich einmal allgemeine Glaubensfreiheit gewähren. Zwar hatte Nikolaus II. (1868–1918, Zar von 1894–1917) diese Absicht gehabt und auch in einem Manifest niederlegen lassen. Tief bewegt hatte am Vorabend des Osterfestes des Jahres 1905 Fürstin Natalie Lieven im Palais die frohe Kunde von diesem Manifest bekannt gemacht. Der wankelmütige Zar ließ sich jedoch bald wieder umstimmen. Welche Enttäuschung für all die Evangeliumschristen im weiten Reich! Jedoch standen noch weit schlimmere Zeiten bevor.

Als im Oktober 1917 die Revolution ausbrach, verloren auch die Lievens all ihren Besitz. Eine Zeitlang noch lebte die alte Mutter mit Sophie auf dem Gagarinschen Gut im Innern Russlands. Das war damals noch nicht von den Revolutionswirren erreicht worden. Die ältere Schwester von Sophie war inzwischen mit dem Lord Mayor (Oberbürgermeister) von London verheiratet. Aber dann wurde auch Fürstin Natalie aus dem Gagarinschen Schloss verjagt. Die schwer Leidende wurde in ein leeres Gärtnerhaus eingewiesen. Als Fürstin Sophie am Abend dieses turbulenten Tages dort die Mutter fand, konnte sie nur staunen. Die Mutter klagte nicht. Sie war gefasst. Ja, sie las in dem Buch weiter, das sie morgens noch im Schloss zu lesen begonnen hatte. Dies war ein weiterer tiefer Eindruck für Fürstin Sophie, wie sie manches Mal berichtete.

Nach dem Tod der Mutter konnte Fürstin Sophie als letzte Vertreterin der altehrwürdigen Familie Lieven bei gläubigen Bauern

Unterschlupf finden, welche sie und die Familie liebten. Immer wieder konnte sie auch erreichen, bei inhaftierten Frauen Besuche machen zu dürfen, um mit ihnen zu beten und sie zu trösten. Schließlich wurde sie jedoch selbst verhaftet, nämlich als Angehörige des verhassten Adels. Als sie auf diese Weise wieder in das Gefängnis kam, in dem sie Besuche hatte machen können, sagte sie lächelnd: »Heute bleibe ich ganz bei euch!«

Allerdings musste Fürstin Sophie Lieven den Leidenskelch nicht bis zur letzten Neige auskosten. Ihr Schwager, der Lord Mayor von London, hatte nämlich dafür gesorgt, dass die englische Regierung sie freikaufte. Fürstin Sophie erzählte von einem Gespräch mit dem Grenzwächter beim Übergang an der sowjetisch-lettischen Grenze: »Er gab mir die Papiere wieder zurück und sagte: ›Sie werden uns dafür immer hassen!‹ – ›Wofür, meinen Sie?‹ – ›Weil wir Ihnen alles, Ihren ganzen Besitz abgenommen haben!‹ – ›Ach nein. Das Geld und die Schlösser gehörten mir schon lange nicht mehr. Ich habe längst alles meinem Gott übergeben. Ich war doch nur Verwalterin!‹« Als sie hörte, dass ihr geliebtes Schloss Kremon in eine Lungenheilstätte umgewandelt worden war, war sie darüber richtig glücklich. »Wie dankbar bin ich Jesus, dass er das Haus für einen so guten Zweck bestimmt hat!«

1933 ließ sich die aus der Heimat Vertriebene in Paris nieder, wo eine große russische Emigrantengemeinde lebte. Hier fand sie ein reiches Arbeitsfeld. Zusammen mit einer Freundin, einer russischen Heilsarmee-Offizierin, wohnte sie in einem einzigen Zimmer, in dem auch noch gebrauchte Kleidungsstücke zum Weitergeben gestapelt waren. Fürstin Sophie kam für sich selbst mit dem Allernotwendigsten aus. Alles, was sie sonst von Freunden und Verwandten als Unterstützung bekam, gab sie an Arme weiter. Zusammen mit der Freundin unterhielt sie einige Zeit hindurch eine Suppenküche für mittellose Landsleute. Zum Einnehmen des Essens saßen sie dann auf der Treppe, die zum Zimmer der Fürstin führte.

Nach dem Zweiten Weltkrieg wurde Fürstin Sophie Lieven in die Verantwortung des Missionsbundes »Licht im Osten« berufen.

Die Aufgaben, die dort auf sie warteten, machten sie glücklich. Besonders gerne ließ sie sich Jahr für Jahr in den Sommermonaten zu Reise- und Vortragsdiensten rufen, auch zur Mitarbeit bei Freizeiten. Sie schonte sich nicht, auch wenn ihr Herz mit der Zeit nicht mehr recht mitmachte. Pastor Hans Brandenburg sah es als seine Pflicht an, sie von den anstrengenden Sommerreisen abzuhalten. Aber da wurde deutlich, dass sie sich wie ein Kind auf diese Dienste freute. »Ich komme ganz bestimmt«, so schrieb sie noch im Frühjahr 1964 aus Paris, »und ich freue mich auf diesen Dienst!« Während der Besuchsreise jedoch merkte sie selbst, dass sie sich zu viel zugemutet hatte. In München, im Haus von armenisch-russischen Freunden, ging sie – beinahe 84 Jahre alt – am 11. September 1964 heim.

Bei der Beerdigung am 15. September sagte Pfarrer Brandenburg in Korntal: »Die Entschlafene hat uns nicht nur durch ihre natürliche Würde beeindruckt, sondern auch durch ihre schlichte Einfalt in ihrem ganzen Verhalten – aber auch dann, wenn sie Christus bezeugte und von seinen Taten erzählte. Diese Einfalt hatte ihre Wurzel darin, dass Fürstin Lieven nur das weitergab, was sie selbst empfangen hatte. Sie stand in einem dauernden Umgang mit ihrem erhöhten Herrn. Jeder Vortrag, jede Bibelstunde war von ihm erbeten und empfangen. Ihre überdurchschnittliche Sprachbegabung ließ sie ihre Zeugnisse französisch oder russisch, englisch oder deutsch, ja sogar lettisch sagen. Sie konnte vielen dienen, weil sie von einer großen Menschenliebe erfüllt war. Das gab ihr eine gute Menschenkenntnis und ein unbestechliches Urteil. Was sie erlebt hatte, machte sie nicht bitter oder scheu, sondern im Tiefsten barmherzig. So hat sie bis in die letzten Jahre den Verlorenen und Gesunkenen in Paris gedient. Über diesem Leben werden viele den Heiland Jesus Christus loben.«

Dank

Dank sei allen Lesern, welche die vorliegenden Lebens-Skizzen als Horizontweitung für das eigene Leben mit Jesus verstanden haben. Vielleicht hat auch mancher Mensch, der in diesem Buch geblättert hat, gemerkt, dass ich die geschilderten Gestalten und Erlebnisse als Impuls verstanden habe, die uns heute beschäftigenden Herausforderungen recht zu beantworten.

In früheren Jahren habe ich etwas überheblich Christen als »Sammler und Jäger« angesehen, die Lebensbilder von Christen früherer Zeiten noch einmal bekanntmachten. Aber mit zunehmendem Alter stellte ich mit Erstaunen fest: Da ist ja eine Generation von jungen Christen herangewachsen. Auch sie muss doch in den Reichtum von Gaben und Erfahrungen hineinwachsen, der uns mit Christenmenschen früherer Zeiten gegeben ist. Zu einer ersten Begegnung mit ihnen sollen die vorliegenden biographischen »Farbtupfer« helfen. Mehr können und wollen sie nicht leisten. Darum wurde auch darauf verzichtet, durch Fußnoten auf die Fundstellen der Zitate hinzuweisen. Manche Begebenheiten und Entwicklungen sind doppelt, ja sogar dreifach berichtet, weil sie in die Lebensgeschichte des jeweils Dargestellten hineingehören.

Durch manche Bücher habe ich Anregungen und Informationen bekommen. So vor allem durch die liebevolle und kenntnisreiche Darstellung »Württemberg und Russland« von Susanne Dieterich (DRW- Verlag) und durch die historischen Beiträge von Dr. Gerhard Raff in der »Stuttgarter Zeitung«. Die Württembergische Landesbibliothek Stuttgart half mir, an das fast verschollene Buch von Peter von Goetze heranzukommen, das »Fürst Alexander Nikolajewitsch Galitzin und seine Zeit« beschreibt. Die von Anna Katterfeld und von Hans Anstein verfassten Beschreibungen des Lebens von Felician von Zaremba sind meist nur noch in Antiquariaten aufzufinden. Für die Gestalt von Sixt Carl von Kapff hat mich einst mein Großvater begeistert, der aus eigener Erfahrung viel von dem Stuttgarter Prälaten erzählte, dessen Leben sein eigener Sohn Carl Kapff beschrieben hat. Gerhard Henrici von der Württembergischen Landesbibliothek Stuttgart hat mich auf eine Fährte gesetzt, die schließlich zu einem ermutigenden Schriftwechsel mit Pfarrer David Fountain führte, dem Verfasser des reich illustrierten Buches »Lord Radstock and the Russian Awakening«. Dieser hat die wichtigsten Ergebnisse der fast vergessenen Arbeit von Professor Edmund Heier wieder ans Licht gebracht (»Religious Schism in the Russian Aristocracy 1860–1900 – Radstockism and Pashkowism«). Über den in CVJM-Kreisen fast nur noch als Legende bekannten »Fritz von Schlümbach« habe ich als langjähriger Mitarbeiter des deutschen CVJM das Wichtigste aus mancherlei zerfledderten Erinnerungsheften zusammengetragen. Damit habe ich Ähnliches versucht, was unüberbietbar Hedwig von Redern lebenslang mit Rückblicken auf Gestalten der Kirchengeschichte getan hat. Über ihr Leben und Wirken gibt es Darstellungen in eigentlich ausreichender Zahl. Aber gerade wegen der mancherlei geheimnisvollen Beziehungen zwischen den religiösen Strömungen jener Tage durfte sie in der vorliegenden Schrift so wenig fehlen wie seinerzeit in der durch Klaus Annel zusammengestellten und durch den Evangeliumsfunk ausgestrahlten Sendereihe »Blaues Blut – von Gott geadelt«.

Im Jahr 2007, im Gedenkjahr ihres Todes, hat die Stadt Kirchheim/Teck würdig der Herzogin Henriette gedacht. Und Frau Heidi Mohl, geb. Müller, hat das Lebensbild von Fürstin Lieven hilfreich überarbeitet. Vor allem danke ich dem Freund Verleger Friedrich Hänssler und dem jungen Lektor Lutz Ackermann für alle Ermutigung und Hilfe.

Rolf Scheffbuch, Korntal

Text- und Bildnachweise

Bildnachweise

S. 7 (Nikolaus Ludwig Graf von Zinzendorf): © Hans Christian Eggers. Faksimile nach einem Kupferstich von Martin Tyroff, Nürnberg 1748. Abgedruckt in: Stephan Hirzel: Der Graf und die Brüder. Gotha: Leopold Klotz Verlag, 1935.

S. 25 Grand Duchess Maria Fedorovna by Roslin from collection of State Palace-Museum Pavlovsk, Sankt Petersburg.

S. 61 (Henriette, Herzogin von Württemberg): © Peter Frankenstein, Hendrik Zwietasch; Landesmuseum Württemberg.

S. 71 (Charlotte von Bodelschwingh): © Richard Sapper nach einem alten Foto. Abgedruckt in: Sophie Schweikhardt: Charlotte von Bodelschwingh. Die Wegbereiterin von Bethel. Stuttgart: Evangelischer Missionsverlag, 1954

S. 97 (Sixt Carl von Kapff): © Rolf Scheffbuch (Foto). Dieses zeitgenössische Gemälde ist im Besitz der Evangelischen Diakonissenanstalt Stuttgart.

S. 111 (Lord Radstock): © vor 1913. Foto abgedruckt in: Mrs. Edward Trotter: Lord Radstock. An interpretation and a record. London: Hoder & Stoughton, 1914.

S. 125 (Elvine Gräfin de La Tour): © 1893. Foto zur silbernen Hochzeit abgedruckt in: Anna Katterfeld: Elvine de La Tour. Aus Liebe zu Gott und den Kindern. Holzgerlingen: Hänssler Verlag, 1998. Überarbeitete Neuauflage von Anna Katterfeld: Um Gottes Reich. Leben und Werk der österreichischen Gräfin Elvine de la Tour. Stuttgart: Quell-Verlag, 1938.

S.151 (Hedwig von Redern): © vor 1935. Foto abgedruckt in: Alfred Roth: Hedwig von Redern. Eine Zeugin durch Lied und Leid. Gießen: Brunnen Verlag, 1958.

S. 165 (Fürstin Sophie Lieven): © LICHT IM OSTEN e.V. D-70825 Korntal-Münchingen.

Trotz intensiver Nachforschungen konnten leider nicht alle Rechteinhaber ermittelt werden. Der Verlag dankt für Hinweise.

Textnachweise

S. 63–69 (Henriette, Herzogin von Württemberg): überarbeiteter Nachdruck aus: Rolf Scheffbuch: Lebensbilder württembergischer Frauen. Nach Gott dürsten, © 1997 by Hänssler Verlag, D-71087 Holzgerlingen

Weitere Quellenangaben: Siehe Danksagung, S. 177.